目　录

前　言 1

第 1 章　无处不在的金属 1

第 2 章　地缘政治之争 19

第 3 章　脆弱的合作 37

第 4 章　生产的两难选择 69

第 5 章　全球贸易网络 91

第 6 章　科技推动需求 113

第 7 章　环境守护神 133

第 8 章　最强大的军队 157

第 9 章　可持续的未来 177

第 10 章　元素周期表之战 195

第 11 章　在稀有金属时代，如何获得成功 211

出版后记 229

前　言

我们悄然迈进了一个新的时代——稀有金属时代。日常所用之物，从智能手机到轿车，都需要大批量难以获取的金属，冶炼组合也越来越复杂。本书告诉你那些支撑社会运转的金属源自何处，它们是如何为我们所用，以及如何影响环境的。希望本书的读者能够了解我们对这些金属的依赖，并能认识到我们的技术进步和经济、气候安全都是以这些金属为代价的。如何付出这些代价，将以前所未知的方式影响我们的未来。

从开采到制成品再到回收利用，我追踪了这些稀有金属的生命轨迹，希望能帮助读者了解相关的知识。在日本，我与上班族在东京烟雾缭绕的小馆子里交谈；在中国，我与政府官员在蒙古包吃羊肉、饮美酒；在印度尼西亚，我与矿工一起蹚过苏门答腊海岸的泥泞；此外，我还造访过苏联秘密小镇中为核武器炼铀的工厂。到目前为止，我的足迹已遍布整个星球，连最艰险蛮荒的地方都去过。不过，我正式的调查却是始于一个文明得多的地方——日本经济产业省，时间是在 2010 年。

当时，我是来自美国外交关系协会的外籍研究员，在经济产业省 11 楼的格子间工作。作为旁观者的我立场中立，因此得以近距离旁观一场亚洲最大的资源战争。在东海领土争端期间，中国削减了稀有金属中的一类——稀土矿的对日出口。我目睹了日本在面对中国的要求时的迅速妥协，见识了地缘政治的新王牌。资源争夺战，自有人从石头中发现金属的那一刻就已打响。这场战争规模不断扩大，已蔓延至整个元素周期表。

我对稀有金属的兴趣，最初就是源自地缘政治。我花费多年，先后为一家能源贸易公司、一家华尔街企业和美国白宫管理与预算办公室研究自然资源与地缘政治的关系。此外，我还管理着一家专注于非洲水资源问题的非营利机构。在观察大宗商品市场时，我发现稀有金属的小世界要远为复杂，且迥异于石油、天然气和煤矿等商品。

踏遍数十个国家，访问了数百个矿工、商人、科学家和政策制定者，我很快意识到，地缘政治是阻碍一国满足自身资源需求的唯一因素。我们的稀有金属供应链——它保证了特定等级的特定金属在特定时间以合适的价格运达特定位置——已成为现代高效运作的一个奇迹。但这些供应链并不牢靠，因为不断增长的全球需求会不断对其施加压力，我们高科技、环保的社会无疑建立在一个摇摆不定的根基之上。

许多人曾发文论述国际供应链对经济与社会的影响。有关血汗工厂和血汗商店虐待劳工的文章充斥媒体。商业杂志深度探讨了哪些国家受益于电子零部件的全球化供应链，就连世界上的电子垃圾在非洲和亚洲被焚化,都已引发了全球范围的讨论。

本书立足于诸多报告,它们审视了那些隐藏于现代生活背后的稀有金属的供应链。这些金属已渗入了我们的生活,让建筑得以高耸入云,让电视得以色彩斑斓。它们对环保技术也同样至关重要,是可持续未来的种子。然而,社会对其仍知之甚少。它们在产品中深藏功与名,我们很难将其与那些更为人熟知的金属如铝和铁区分开来。每个时代都有每个时代的资源:铁用以制造武器;煤炭、石油和天然气带给我们光与电。而现在,稀土元素、铟、钨等以不同方式对我们产生重要影响的元素,我们却并不了解。的确,这些稀有金属或许是我们最应报道但报道数量远远不够的领域之一,尽管,正如我们稍后会看到的,它们所带来的经济和地缘政治砝码正在不断增加。

遁形于晦暗和神秘中的,不仅是这些金属本身,使用这些金属的企业也将其用法藏匿于专利及商业机密的面纱之后。即便是在高科技公司中身居高位的管理人员,也对他们所使用的这些材料知之甚少。

尽管我发现了这个行业令人生厌的一面——非法交易、肆无忌惮的开采和破坏环境,但在其生产过程中,行业中的绝大多数人都是体面的。他们在为自己和自己的家庭能够过上更为舒适的生活奋斗着。与那些我所熟悉的其他行业相比,稀有金属界的隐秘氛围使人与人之间的信任度较低。正因为这些金属的开采和贸易是在一个法律真空的领域中进行的,在这一舞台中,人们就必须承受俄罗斯格言中所说的"相信,但要检验"。

正因如此,写作本书的一个最大挑战就是缺乏可信的统计数据。可被检验的事实难以获取,最终也常常被验证为虚假,但猜测重复了足够多次,就会被当作真实铭刻。有关市场规模的统计数据,不同的来源差距很大。即便是政府贸易数据也存在不足。比如说,中国的对日稀土矿出口数据与日本的进口数据几乎不能吻合。在此种情况下,数据的缺席与数据本身同样具有说服力。与有识之士交谈,以及花费大量时间访问全球的采矿点,对于填补我的知识空白来说是无价的,但它们也存在着一种天然的风险:我所看到的,只是问题的某个方面。

在探求事实的过程中,我尽最大努力真实反映我所听到的观点,并力图在过滤信息时避免偏颇。尽管如此,数据可能更多地是估计而不是事实。要核实黑市数据以及黑市活动在很大程度上要靠参与者自己,因此数据会存在偏差。我所做出的假设是基于自身判断。我尝试使事情简单化,比如尽可能将用语标准化:使用"吨"作为计量单位。我尽量在文中使用标准的计量方法:以盎司、瓶(核燃料运输单位)、磅和千克作为计量单位。书中所使用的数据是撰写此书时可以获取到的最新数据,不过由于该行业发布数据并不频繁,它们还是比设想的使用得要久。

贯穿全书,我使用"稀有金属"(rare metal)一词表示一系列开采量小的金属,其年开采量通常小于 1000 吨。它们的使用量当然很小。不过它们也分为从地理角度讲稀有的元素(如碲),和一系列属于"稀土矿"的金属——它们并不是稀有金属的同义词，而是其子集。挑战在于选取合适的词，既能将该类金属的特定用法与其他金属区分开来，又能强调其重要性。

同时，我也会使用"小金属"（minor metal）一词，工业上一般使用该词表示产量有限的金属；我还会使用"重要材料"（critical material）这一新造词来指代稀有金属。金属行业不会给金属乱贴标签，这让我很欣慰。"贵金属"（precious metal）一词是指银，而那些更贵重的金属如锗和铽并不在此列。此外，我还笼统地用"酸"来代指金属加工过程中所使用的复杂化学制剂，包括乳化剂、凝聚剂及其他。

本书的写作完结于 2015 年年初。有关稀有金属的回收、加工以及化学特性，还有很多可以写的。本书是从经济角度来观察和写作的，因此，对于某些读者而言，科学细节方面的描述或许不够。当然，仅了解一个元素的特性、一类矿石背后的矿物学原理、一种金属的冶炼过程，就需要花上人们的整个职业生涯。

本书能使你了解隐藏在高科技、环保和军事背后的元素构成，以及它们的特性和故事。但我的愿望并不止步于此。本书还介绍了稀有金属（包括稀土元素）在产品中的作用，描述了未来对这些成分的需求会如何影响全球经济和地缘政治。本书的出版恰逢一个决定性的时刻——稀有金属对高科技、环保和军事的重要性正日益增大。尽管它们被广泛使用，但却从未被了解。就像汽车使石油在现代社会中变得十分重要，现今许多不为人知的金属也同样在使用它们的产品中发挥着革命性的作用。这也就意味着稀有金属市场需要我们更多的审视。

在阅读此书之时，我希望你能想到这些金属的作用与前景，以及它们在你生活中起到了多大的作用。例如，你能像了解智能手机本身那样，了解稀有金属是如何在智能手机中发挥作用的。毫不夸张地说，整个星球的命运，建设可持续的未来——科技能够惠泽亿万未曾受惠的人们——的能力，就取决于我们对稀有金属的理解、生产，以及对争端的避免。

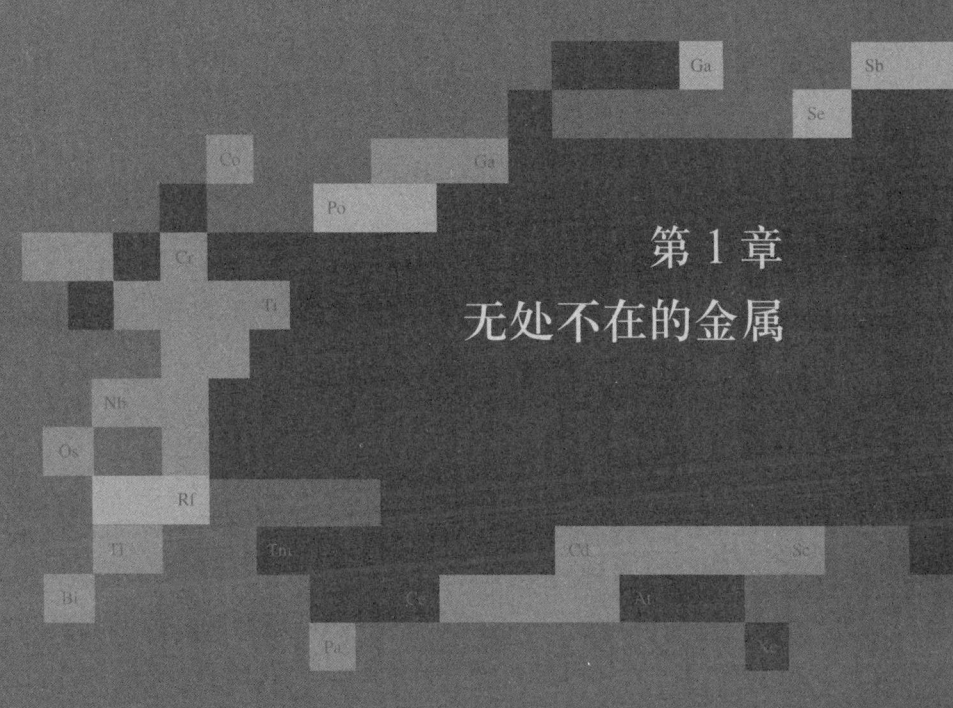

第 1 章
无处不在的金属

微软前CEO史蒂夫·鲍尔默（Steve Ballmer）曾对iPhone的未来深表怀疑。"iPhone不可能占有大量的市场份额。不可能。"在史蒂夫·乔布斯于2007年6月发布iPhone前，鲍尔默在一个CEO论坛上如此预测。但在开售一周后，几乎所有的货架都空了。苹果及其合作伙伴美国电话电报公司（AT&T）一共售出了数十万台手机。仅仅几个月，苹果公司就迅速占领了智能手机20%以上的市场份额。

对那些在苹果商店门外排一两天队（或支付几百美元找人代排）抢购第一批手机的人来说，iPhone就是一场革命，就是他们的梦想。尽管智能手机早在几年前就已出现，但他们相信乔布斯的手机才是最智能的。它之所以被一些媒体称为"耶稣的手机"，正是因为其发布之时所引发的宗教般的热情和盲目的信仰——乔布斯的新品不仅是台更好的手机，还能重塑其追随者的一切。

作为经典案例，苹果机抛弃了数字按键和物理键盘。取而代之的是一种"多点触控"（multi-touch）玻璃屏幕。iPhone 也是第一个采用这种技术的主流产品。这是一种允许点击、滑动、双指开合操作的高性能屏幕，现在我们已经习惯用它来发邮件、导航和叫出租了。乔布斯自己这样评论："它用起来就像变魔术。"

乔布斯的创造天分已远超神话，与此同时，一些更伟大的东西也在发挥作用。在眼花缭乱的新特性和强大且简洁的设计背后，iPhone 最值得注意的特色就是：它的制造要仰赖地球上约一半的元素，而这也就是为什么这个强大的设备能够与你的掌心完美契合。

这些金属就是令设备小巧且强大的原因。对于乔布斯来说，玻璃屏幕的"魔力"源于稀有金属铟，它是无形的墨水，是手指和屏幕间的透明导体。少量的铕和铽使屏幕有了红绿的色彩，钽用于调节手机内部的电力，锂储存电能以使手机能在室外使用。稀有金属同样在手机配件的制造中扮演着重要的角色：在分子层面将屏幕打磨光滑的正是金属铈。

诚然，iPhone 远非第一个或唯一一个仰赖稀有金属的产品。实际上，从大约 30 年前开始，稀有金属使用量就与苹果及其他电脑的销量息息相关了。但乔布斯对更小巧更强大的设备的追求使他的公司几乎使用了整个元素周期表上的材料。此外，iPhone 商业上的成功也改变了我们对设备（包括移动应用和平板电脑）的期待，使稀有金属的力量不仅对智能手机来说不可或缺，对一系列新技术来说也同样如此。乔布斯没有辜负他革新手机的誓言,同样,他也促成了整个世界对资源供应链的重塑。在此过程中,他开启了新时代的曙光:稀有金属时代。

稀有金属无处不在,大到高架桥,小到耳机,哪里都能看见它们的身影。它们存在于沙发、相机镜头、计算机和轿车中。但是它们很少被单独或是作为基础材料使用。稀有金属的作用其实和比萨中的酵母差不多:虽然用量小,但作用不容小觑。正如没有酵母就没有比萨,没有稀有金属也就没有这个高科技的世界。

我们对稀有金属缺乏认知,是因为我们从未如同购买其他商品,如天然气和玉米那样直接购买它们。稀有金属深埋于成分表之中,构成日用设备的关键部件,如稀土永久磁体。虽说当前永久磁体的市场仅约150亿美元,但如果我们将所有依赖这些磁体的行业(如汽车、药品、军事)的价值相加,其总额就高达万亿美元。

将化工企业巴斯夫(BASF)的标语稍作修改,就是:稀有金属并没有造出我们所购买的产品,它们使我们所购买的产品更小巧、更迅捷、更强大。它们让乔布斯的 iPhone 更薄、更实用、更灵活。这是因为每一种稀有金属都用其自身特点服务于一些特殊的功能。如铟的延展性、铌的可塑性、镉的毒性、钍的放射性、钴的磁体性,镓甚至可以在你的手中熔化。就像漫画《X 战警》中的那些角色那样,每种元素都有其超能力。铽为电视屏幕制造更多荧光，镝和钕使制造超强的磁体成为可能，锑可以灭火。

在元素周期表中，大约有三分之二的元素为金属或类金属；类似于硅的元素既拥有金属的性质，也拥有非金属的性质，它们的价值在于其半导体特性。此外，每年还有数百万吨最常见的金属从矿石中生产出来，如铜和锌，它们被称为"基本金属"。像金银那样在多个世纪都保有价值的金属，被称为"贵金属"。

稀有金属涵盖了上述金属以外其他几乎所有的金属。表明其特征的，是它们的消费量较小，因而相较于基本金属为"稀有"。平均来看，每种稀有金属的全球年消费量仅为数百到数千吨不等，也就是说，每种仅能装满几节火车车厢。相较之下，铜的年矿产量约有140万吨。美国地质调查局的数据显示，将所有可被视为"稀有"的材料的年消费量加起来，其总额可以说比铜这一种金属的年消费量还小。谓之"稀有"，并不是说所有这些金属的地质蕴藏量都很少。事实上，有些金属蕴藏量颇丰。还有些金属足够充裕，但因不够集中，开采起来不具经济价值。因被广泛应用于电子行业，它们在工业上也被称为"高级"（advanced）或是"技术"（technology）金属。还有人叫它们"战略"或是"关键"金属，因为它们在应用中无可取代。交易这些金属的人也会使用"小"（minor）金属这样的称谓。在全书中，我会交替使用上述词汇。（我也会说"材料"而不是金属，因为在很多情况下被交易的并不是纯粹意义上的金属，而是未被提纯的衍生物。）

稀有金属也包括稀土元素——17种原子结构相似的金属。

2010年，它们因生产和出口受限而受到了国际广泛关注。稀土金属是稀有金属的一个小小的子集，但它们有着同样的市场动向。比如说，许多稀土金属都像稀有金属那样面临着冶炼技术的挑战。它们都私下交易而不是像其他商品如石油那样公开交易。

如果为其命名称得上是一种挑战，那么将何种金属划归"稀有"就更是个问题了。甚至是交易这些金属的小金属贸易协会（Minor Metal Trade Association，MMTA），对此也缺乏标准的定义。根据该协会统计，会员现在交易的稀有金属有49种（见图1），而在30年前，生产商购买的仅有8种。（许多圈内人甚至不能就什么是稀有金属达成一致，或是对某种特定的金属是否属于稀有金属吹毛求疵。）

不要因为缺乏明确的划分或是产量较小而低估这些金属的经济价值和它们对地缘政治的重要性。这些产量微小的金属孕育了难以置信的技术变革。稀有金属是现代高科技、环保和军事工业的基础。它们像化石燃料一样值得我们持续关注，因为谁能控制它们的生产和贸易，谁就能获得越来越多的经济和地缘政治财富。与石油和煤炭不同，它们的供应更为受限，生产更为复杂，且集中在世界上仅有的几个地点。它们中的许多有着独一无二的特性，以至于不能被更廉价或是更丰裕的材料替代。我们对稀有金属的依赖并不只是一个抽象的地缘政治问题，或是一个仅被材料学专家关注的话题，它代表着潜在的资源争夺。不过，世上也并非只有这条路可走。

图 1 小金属贸易协会列出的稀有金属清单（灰底）

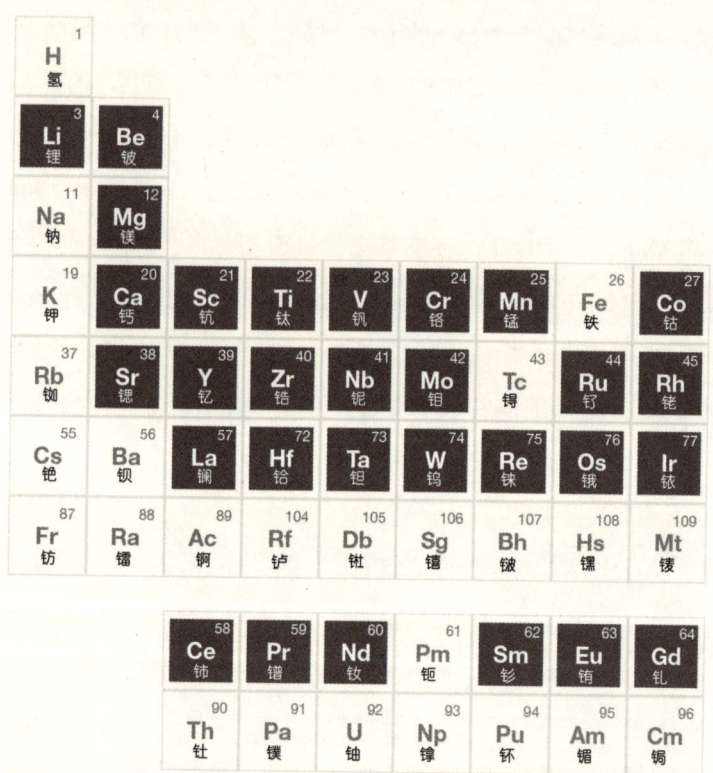

大约 150 年前，人们家中几乎所有的材料都源于附近的森林或采石场。到了 20 世纪 60 年代，随着供应链的发展和客户应用需求的增长，出现在美国家庭的元素达到了约 20 种。从那时开始，材料科学家主导了一场悄无声息的革命，改变了我们所使用的商品和使其发挥作用的材料。20 世纪 90 年代，英特尔的电脑芯片仅用 15 种元素就制成了，而现在需要近 60 种。

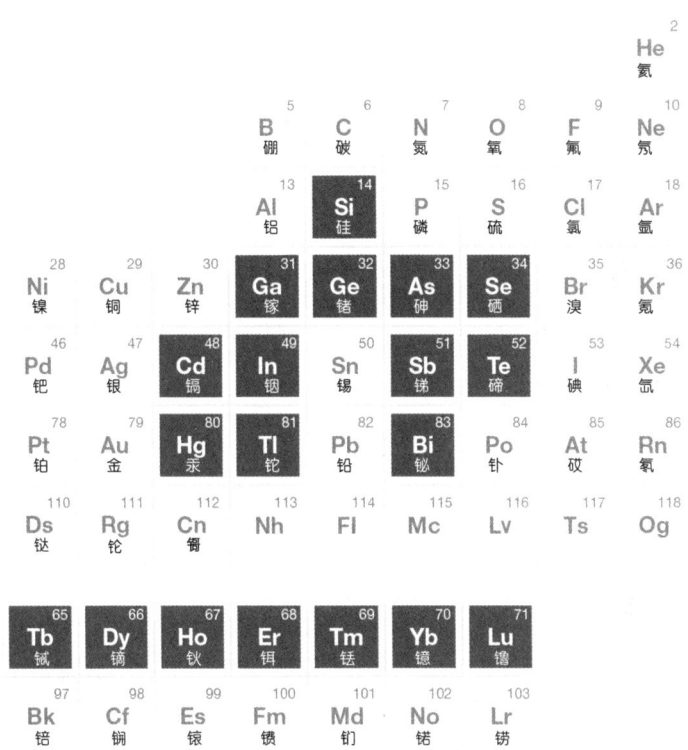

日常产品所发生的改变对于未经训练的眼睛来说显得过于细微。比如说现在的灯和之前的灯在色调上有轻微不同。这种细微差别的背后，是资源的深度变革。爱迪生发明的灯泡，其中的灯丝只含有一种金属，而今天 LED 灯则更类似于硬件，由镓、铟和稀土元素所驱动。多种元素的新集合，以及从中迸发的应用创新，让今天的产品比 10 多年前的产品更为优雅。20 世纪 80 年代，华盛顿特区越战纪念碑的设计者林璎问史蒂夫·乔布斯,为什么他要制造厚重的电脑而不是更轻薄的;乔布斯回答说,他仍在等待制造轻薄电脑的技术。他苦苦等待的,正是材料科学家解锁稀有金属的性质、改进平板屏幕的那一刻。

今天,我们个人的日常购买决定以及所使用的技术对稀有金属的供应有着重要的影响。不幸的是,我们很少思考自己与这些资源之间的联系。虽说稀有金属从创世之初就已存在,它们中的大部分却是在近几个世纪才被发现的,甚至有一些在20世纪才被发现。现在,各公司正在使用几十年前被科学家视为杂质而不予理会的东西。过去25年间采矿公司生产的许多(如果不能说是全部的话)稀有金属,是从文明开始之时至1980年所生产的总和的4倍还多。

正是这些稀有金属的诸多特性,如设备硬件中的钕和镝,创造了变革我们生活的新服务的基石。媒体人称赞硅谷的创新者,但那些令技术得以施展的功臣也应被提及。让谷歌和阿里巴巴的技术大展身手的是稀有金属搭载技术的传播。有如此多的人拥有智能手机,这创造了新的市场。但如果没有无名采矿工程师、冶金学者和材料科学家数十年的工作,优步和脸书永远不会家喻户晓。(因此,乔布斯在20世纪80年代买下了一位比他早50多年发财的采矿和冶金工程师的房子,并没有多少讽刺意味。)

这些稀有金属数字技术并不只改变了我们旅行、交流和购物的方式，还改变了我们对未来的预期。我们渐渐开始要求技术一年比一年成本低，一年比一年易得，一年比一年进步——当然，它们实际做到的要远超许多人的想象。尽管新设备的多重功能似乎理应伴随着更少地使用未经加工的材料——毕竟 iPhone 兼具一台电脑、一本书、一个音乐播放器的功能——而事实是我们所使用的资源种类更丰富了。我们没有意识到这一动态的过程，因为很少注意这些设备内部不断增长的复杂性。我们也并不了解支撑我们这些习惯的那些缺乏存在感的供应链。我们中的许多人只是翘首期待 iPhone 的下一个版本并排队购买。很少有人知道稀有金属令人称奇的特性可以使功能强大的设备便宜得让亿万百姓都能买得起。稀有金属正支撑着我们的生活方式。确实，许多行业，如移动应用，以及许多国家和地区的经济基础，都建立在稀有金属之上。

看看乔布斯的 iPhone 所带来的影响：iPhone 的销量如此之大，以至于分析者称它们将美国和中国台湾的 GDP 提高了约 0.5%，iPhone 的许多部件都产自上述区域。而它们也一次次地增加着苹果公司的财富。2012 年，iPhone 贡献了整个公司一半以上的收入。新成员 iPad 加入后，公司收入的四分之三都源于 iPhone 的技术。这项发明让苹果公司从世界第 85 大公司一跃为最大，对，全球最大的公司，超越了埃克森美孚。苹果的后来居上反映了一个新的事实：相较于石油，这个世界越来越依赖于稀有金属。

社会曾这样分层：历史上最富裕的20%的人消费了80%以上的资源。就像人类学家贾雷德·戴蒙德2008年所说，每个生活在发达国家的人要比生活在发展中国家的人多消费三分之二的材料。如果世界上大部分人生活在发展中国家，资源似乎就会无休止地流向最富裕的国家。但是情况正发生着变化——并不是说富裕的人消费得少了，而是说每个人都能消费得更多。原因部分在于，人们已对高科技、对想要多少就有多少的生活方式习以为常了。整个世界都在他们铺设的道路上前进，所有人的生活方式趋同，而全球性的资源问题则被抛诸脑后。

在印度尼西亚雅加达调查时，我为在高耸、空洞的混凝土躯壳上摇摆的大量吊车而震惊。这些拔地而起的高楼大厦俯视着仅建于几年前的略矮的楼房。这些新建筑将会给那些越来越富裕的、向上层流动的、为实现技术进步之梦而奋斗的印度尼西亚人提供所有的配套设施。印度尼西亚的人们将与数亿来自发展中世界——从南美到中国——的人们一样，向着资源紧张的生存状态迈进。各国沿着一条被踏破的道路前进，就意味着全球对金属，特别是对稀有金属的需求量会增加。随着人们从农村迁移到工资更高的城市，修建新的桥梁、地铁，以及更多的发电厂为智能手机、手提电脑充电就变得十分必要，金属的需求量也因此猛增。

新增的需求有多少？没人说得准。不过钢材消费量的增长或许可以作为参照。在韩国，随着人均收入从2000美元上涨至20,000美元，人均钢需求翻了5倍多。同样在中国，30%的人口生活在城市时全国每人消费 1 千克钢材，当城市人口比例上升至 50% 时，人均消费的钢材量超过了 5 千克，这些钢材很多都用于基础设施建设。中国计划到 2030 年有 70% 的人口居住在城市中，这就意味着中国需要更多的钢材。要建造基础设施，就需要更多的稀有金属，再加之城市中人们购买的电子设备更多，稀有金属的需求量必然会增加。

以现有的稀有金属资源生产速率和消费模式来推测，我们没有足够的镝来制造核磁体共振成像设备，没有足够的钇来制造军用雷达，没有足够的钨来制造用于石油勘探的钻头。新的高科技发明只会增加供应链的紧迫性，令未来设备所需的材料供应岌岌可危。最近政府和智囊团的多项研究都强调了未来十年乃至更长时间的短缺危机。美国化学学会（American Chemical Society）发现，下个世纪，自然界中 94 种元素中的 44 种都将面临供给危机。他们的报告都强调了这个现实的问题，我们必须提升多种元素的产量以满足需求。

高科技产品的未来或许不会受限于我们的头脑，而是取决于我们保证这些产品生产所需的原料的能力。在之前的一些时期，如铁器时代和青铜时代，新元素的发现似乎带来了无穷无尽的新发明。现在，元素正在以无限的可能性组合起来——我们见证了资源需求的一项根本性转变。在人类历史上的任何一个时期，我们都没有使用过比今天更多的元素、更多种组合、更多冶炼过的金属。精巧设备的产量将很快超过原材料的供应。

这种情况恰巧出现在了一个决定性的时刻：整个世界都在致力于减少对化石燃料的依赖。幸运的是，稀有金属是环保科技如电动汽车、风力涡轮机、太阳电池板的关键组成部分。它们帮助我们将免费的自然资源如阳光和风转化为生活所需的电。但如果不能提高稀有金属的最大供给量，我们就不可能研发出替代性的环保科技来缓解气候变化。

我们的需求正不断推动着可持续生产的界限。复杂供应链的波动将会以不可预知的方式影响整个社会。镝的新增供应可能加速高效风力涡轮机的升级，相反，镝缺乏也会推高混合动力车的成本。毫不夸张地说，稀有金属的使用将会决定这个星球的命运。

回到铁器时代，一大批新出现的强大的铁制武器让那些能将石头变为金属的人征服了他们的邻人。今天，尽管武器已发生转变，情况却几近相同：掌握着这些元素的人成了更强有力的竞争者。不同点在于，历史上人们依靠金属制造更强力、更坚硬的剑戟，而现在，稀有金属让武器更智能。比如，从新导弹国防系统——以色列"铁穹"（Iron Dome）防御系统中就可窥见未来发展的可能性。

一旦有火箭飞过以色列城镇上空，该系统中的计算机和传感器可在几毫秒内就决定在何时何地发射一颗精密导航的导弹将其拦截。2014年，"铁穹"通报已击落85%飞向以色列城市的火箭，挽救了不计其数的生命，改变了冲突的性质。

几十年前,"铁穹"这样的系统,包括所有精密导航的导弹系统,甚至是无人机,都还只是科幻小说中的东西。今天的技术有赖于雷达、计算机,以及导航系统的进步。在每项进步的核心,我们都能找到稀有金属的身影。分别分析"铁穹"各项的组成部分,我们会发现,整个系统,当然也包括现今所有的精密防御系统,一定都使用了大量的稀有金属。计算机的屏幕要用到铟,为导弹导航的伺服舵机要用到稀土,驱动计算机的芯片富含多种稀有金属。这些金属为复杂的武器系统乃至国防系统奠定了基础。

多年来,许多公司和国家将他们的稀有金属供应链视为理所当然,并没有注意到自己产品的材料构成。实际上在2011年,美国国会曾强制国防部调查其供应链,因为政府难以决定使用何种先进的金属材料来修复五角大楼。随着构成产品部件的材料越来越复杂多样,依赖这些产品的人不能再对其中的稀有金属视而不见了。

现在,公司和政府领导已意识到了稀有金属的重要性。确实,为保障稀有金属而付出的努力已经引发了一场横跨元素周期表的战争。从东京到华盛顿的政府办公厅,从剑桥、麻省理工到包头的研发实验室,乃至全世界的战略指挥中心,新政策以及新研究项目都在要求国家介入。稀有金属之争并不是正在迫近,而是已经发生,它正重塑着国际关系,就像过去其他资源的争端所做的那样。

正如冷战根据意识形态划分战线,这种新竞争也将在拥有和没有稀有金属的国家之间制造裂痕。因为许多行业的基础仅仅建立在几种稀有金属之上，对其供应的扰动就会产生深远的全球影响，也会给一些国家带来巨额的债务。十亿美元量级的公司为了一种至关重要的高级金属，必须盯紧一个国家（如刚果或是哈萨克斯坦）甚至一处矿藏。对绝大多数公司来说，"要对这些矿产追根溯源，即便不是不可能，也是非常困难的"，电脑制造商戴尔这样指出。既然企业常常需要成百上千种原料，透明度的缺乏就意味着企业很难在特殊时期为原料供应提供安全保障。

本书是一部解释稀有金属是什么、源于何处、如何为人所用的先声之作。为了探寻这些金属的一切以及它们提供给我们的似乎无穷无尽的机会，我们会访问矿工、投资人、材料科学家。你会了解稀有金属复杂的供应网，它起始于智利的山侧或是刚果的丛林边缘，那里的人们奋力铲挖；它终结于你的书桌之上、衣袋之中，或是军事基地里。

我们会看到，稀有金属的重要性在过去的一个世纪里不断增长。正如对石油的依赖迫使许多国家与产油国关系紧张，现在，金属蕴藏量丰富的国家对其贸易伙伴也有着新的控制力。它们摩拳擦掌，企图限制原材料的出口。

我们将追踪这些材料从矿石到金属的历程，逐渐理解稀有金属的供应链为何要比铁和石油还要复杂得多，尽管它们看起来十分相似。这些供应链常常被少数羽翼丰满的供应商所主导，光是打造它们就需花费十年以上。这就意味着,尽管高价格常常能带来新增的供应量,但这一供求关系原理在这个新兴领域并不起作用。高科技产品的发明所创造的资源需求,其增长速度要远远超过这几个供应商供货的增长速度,价格因此飙升。

此外,因开辟新项目的成本过高,后进的采矿公司常常花费更多的时间来寻求金融资源而不是矿产资源。而这还仅仅是荆棘道路的开始。接受监管审批,研发冶炼技术将金属从矿石中提炼出来,预测市场需求——即便是最精明的采矿公司经营者,也会为此伤透脑筋。

在这些公司突破了重重阻碍生产出稀有金属之后,他们的材料就会进入一个由小型贸易商所组成的通道,这里充满秘密,可靠的运输备受珍视。一个透明的市场能让价格明晰,从而使金属生产者和购买者受益,然而它却会损害贸易。贸易商的利润不仅源于他们所兜售的金属,还源自他们对信息的垄断。混沌产生利润。

未来的市场对这些贸易商来说是光明的,因为高科技产品越来越便宜,环保产品的需求越来越大,各国的国防花费越来越多。更为廉价的稀有金属搭载技术不断扩散,又恰逢人们购买力的持续增长——即便是在最穷困社区也是一样。这创造了一个超现实的图景——在那些没有清洁水源、道路尚未修筑的地方,手机和电视却十分普及,它们也将高科技生活方式的种子播撒至一片片新土地。

随着稀有金属需求的增长，理解其环境及地缘政治影响就变得十分重要。与传统商品生产相比，作为整体的稀有金属生产对环境的影响相对较小，但是每单位产量（每千克或每磅）对环境的影响巨大，因为冶炼这些金属所需的化学制剂和能源更多。尽管存在环境方面的挑战，一些国家还是冒险大规模生产，因为稀有金属生产将为这些国家带来经济和地缘政治上的利益，而这些利益此前更多地是被传统商品所保留。就像我们所看到的，一些国家如日本和德国正在重新调整国际关系以确保稀有金属的可靠供应。

挑战在于更有效率地生产和利用稀有金属，同时发展可持续的供应链。正如本书在最后所说，只要了解了稀有金属的用法并致力于思索解决方案，我们就能为此做些什么。不然我们就会重蹈覆辙：我们曾过度依赖化石燃料，现在则是过度依赖那些产量过小的稀有金属。最后，本书会前瞻我们将面临的各种挑战，特别是当这个世界依赖于来自遥远地方的非常稀有的金属时。

第 2 章
地缘政治之争

矿物网络和战线

扎伊尔前总统蒙博托·塞塞·塞科在其31年的总统生涯中大肆侵吞国家资源。他聚敛了数十亿美元的财富以支撑其奢侈的生活，他的支持者们也分得了一杯羹。1978年，即他掌权后的第13年，苏联支持的安哥拉反抗者夺取了以钴储量丰富著称的加丹加省，对其统治形成了威胁。蒙博托紧急派出军队。

接下来的战争迟滞了全球的钴供应。这种稀有金属——对电机中的永磁体和喷气式飞机引擎所用的耐热合金至关重要——的价格在一年内从每磅10美元飙升至每磅60美元以上。制造商为了原料而手忙脚乱。而价格已经高到让生产商发现采取空运的方式从金属加工者处运送这种银蓝色金属仍然有利可图，此前他们一般通过轮船运输。

有关地缘政治之争扩大的谣言在非洲丛林上空传播。在反抗者夺取加丹加省的几个月前，苏联从刚果购入了巨量的钴以满足其军工需要。这一举动震惊了许多金属贸易商,并在多国政府引发了恐慌,特别是美国,其钴供应量的40%都依赖于扎伊尔。其他谣言也在发酵:苏联意欲接管全球钴市场,控制钴供给,削弱美国工业。几年之后,美国国务卿亚历山大·黑格说,他还以为苏联发动了资源战争,而扎伊尔正是首战之地。

一些产业,比如用钴做颜料的绘画行业转而使用其他材料,因为替代品易于找到。其他产业试图重新设计不使用钴的产品,这种策略常常意味着要勉强使用那些效果不那么好的材料,产品品质更差而价格却更高。钴短缺使武器制造商和航空业的经营者坐立难安,因为他们找不到钴合金的替代品,而钴合金对喷气式飞机引擎和其他军用器械来说必不可少。想当年,科学家们为了扩大钴制永磁体的使用范围攻克了一个又一个技术难关。

20世纪60年代,钴制永磁体甫一使用就迅速在军事应用领域如微波通信系统中占据了一席之地。在接下来的十年,它又因其体积微小、易塑型的特性在小型发动机领域开辟了道路。对系统设计者来说永磁体很有用,因为它能在不确定的时段内保持强固定电荷而不产生能耗。当时,没有人知道钴磁体是否可被替代,如果可以的话会被什么替代。

战争破坏了矿产贸易的事实既不令人惊讶也不新鲜。新鲜的是遥远之地的一场小小的暴乱,仅是切断了一种看起来无关紧要的金属的供应,就能对世界上最大的几家公司造成极大的破坏。

这场有关钴的战争凸显了事关生死的军事供应链的脆弱,它们越来越依赖稀有金属。对那些依赖钴的人来说，幸运的是，蒙博托恢复了对矿产的控制，与此同时全球性经济衰退使钴的需求量减少、价格降低。不过，这次的冲突确实让各国开始争相寻找钴的替代品。

就像扎伊尔的例子所传达的，广泛使用来源不稳定的稀有金属可能是一种短视。不过，对外交来说是短视，对材料科学家来说也许就是天降福音。在设备中使用何种原料取决于哪种材料能够解决技术难题，而不是哪种金属供应充足。

在刚果冲突发生之前的五年，佐川真人正在日本电子巨头富士通做初级研究员。虽说他在博士阶段从未研究过磁体（更不用说钴了），富士通交给他的任务却是强化钐钴磁体。在研究的过程中，这个年轻的科学家逐渐对磁体产生了热情，在实验室废寝忘食地研究磁体的构成。

他知道仅靠钴无法制出永磁体，但将其与稀土元素钐混合就能做到。钐与其结合形成一种独特的晶体原子结构，该结构能将单个原子的小磁场排列起来。这样就形成了强力、永久的磁体。

佐川认为，他可以运用同样的原理，用铁和一种含量更为丰富的稀土元素——钕来制造永磁体。这种新型磁体不会像钴和钐那样受到供给和价格方面的限制。他相信它甚至能比现有的所有磁体都要强大，因为铁的磁性比钴更强。1976年，佐川开始着手研究钕铁磁体。周末和夜晚他都待在实验室，连新出生的孩子也很少见面。但是直到 1978 年 1 月,他仍未能取得成功,障碍似乎难以跨越。

当时永磁体研究的领军人物是浜野正昭。他在佐川参加的一次会议上评论说,铁－稀土磁体,比如佐川正在研究的那种,是不可能的,因为铁原子之间的距离太小,没有足够的空间形成磁场。但正是这个所谓的"不可能"使佐川产生了灵感——可以通过向稀土－铁混合物中加入硼来扩大铁原子之间的距离。硼原子半径较小,将其塞入就可以增加铁原子间的距离。

就在刚果战火连连之时,获得新灵感的佐川也在继续着他的研究,他不知道的是,企业和军事实验室的材料科学家们也在如火如荼地进行着类似的实验,以便减轻世界对扎伊尔钴的依赖。不过佐川的关注点更窄:他关注的不是竞争,而是温度。

磁体对温度的要求苛刻——如果温度过高,超过了"居里温度",它就会失去磁性。佐川的磁体在很低的温度下就会失掉磁性,这就排除了将它们用于发动机的可能性。佐川很快就发现,移除少量的钕并加入镝就能使该磁体在很大的温度范围内保持磁性——直至 310 摄氏度。这个温度足以让它在很大的空间内发挥其应用潜能。他成功了:发明了一种强劲、永久的磁体,不含钴或钐。现在,只剩下一个问题有待解决。

镝是一种稀土元素,从地质学角度看甚至比钐或钴还要稀有,供应链问题也更为复杂。佐川告诉我,将之加入混合物实际上只是个临时方案。依赖这种大部分由中国生产的金属,是个很大的问题。

2010年9月21日钓鱼岛事件后,日本贸易商社通知日本经济贸易产业省(METI),中国拒绝供应日本企业的稀土元素订货,包括钕和镝。这些对日本高科技产业至关重要的金属,实际上全部由中国生产。

日本接收了中国一半以上的稀有金属出口,所以供应中断对日本的影响要远远大于其他国家。东京害怕出口限制的延长会对日本企业造成难以承受的灾难性后果。官方还担心,稀有金属只是一个开始,因为中国还是28种新金属的主要生产国,这些金属对日本产业同样重要。

迫于北京方面的压力,东京在中国切断稀土出口后没几天就释放了中国船长。但事情才刚刚开始。稀土元素的价格开始上涨,在接下来的一年半内差不多上涨了2000%。这种张力表明,一国即便拥有高超的技术,还是会受制于少数几种不为人所知的金属的供应,这与30年前的钴短缺的情况一模一样。这类事件同样将佐川磁体的设计缺陷暴露了出来。佐川告诉我,让永磁体的制造依赖于一种产量最少的稀土金属——镝,他十分后悔。

佐川在实验室里首开新路的几十年后,我们清晰地发现,他的发明不过是将日本对资源的依赖从刚果转移到中国,从钴转移至稀土元素,实际上并没有增强供应链的强度、提升国家的经济安全。

为了弄清稀有金属本身与消费者所使用的产品之间的关系,

我动身前去拜访佐川。7月的一个星期六，9:00，我驱车前往他的住所。我看到他在等我。尽管素未谋面，在察觉到正沿着京都丘陵崎岖的道路前行的这个190cm的西方人就是来访者时，他用温暖的笑容迎接了我。他在京都住了近30年。他领着我走过通向他家的小径，进入客厅。坐下后，他拿给我一个塑料小瓶，里面是一种粉红莓果的果汁。我环视整个房间，看到一个玻璃柜子里装着若干奖杯，其中包括日本国际奖——这个国家授予国际科学家的最高奖项。

这个70岁的科学家头发乌黑蓬松，散发着专业人士的气场，同时也有着年轻人的热情与活力。虽然没有说漏一个字，他的英语还是有着很重的日语口音。佐川告诉我，我才是第二个要采访他、了解他故事的外国人，这说明他的贡献被世界忽略了。他认为向我解释他所做的工作非常重要，因此将我们的会谈安排在他人生中最重要的时刻之一——他唯一的女儿的婚礼——之前的几个小时。

佐川将一块绿色的手帕放在我们之间的桌子上。他揭开手帕的一角展示他的发明：一个两厘米的正方形发光金属块——一块永磁体，由铁、硼和两种稀土元素——镝和钕制成。它们很快就展示出了自身的力量。

他试图将这个金属块分成两半，但它们很快就又扣在了一起，夹住了他虎口处一片厚实的皮肤。就像被蜇的养蜂人，佐川也因疼痛而发笑——这是工作的一部分，不过，是危险的那一部分。

这些可不是普通的冰箱贴，它们的磁性要强 40 倍以上。拉开这些磁体会使人骨折。它们能吸住它们自身重量 1000 倍以上的东西，相当于用一个新生儿提起一头大象。

佐川再次试着分开它们。他把一块这种银色的金属放在一只手上。他的手前后摆动，但磁铁纹丝不动。他将它们拿给我看：那不是一整块，而是大约六块闪亮的银色片状物，每片大约有四分之一厘米厚。我将这块东西放下，它立刻划过桌面吸住了我的 iPhone。佐川关切地看着我将它们分开，问我手机是否仍能使用。幸好，还能用。他说我是幸运的，因为这些磁体可以在 10 厘米内消除电子设备的存储内容。这不仅说明了它们磁性的强大，也暗示了它们在运输时面临巨大挑战。

仔细端详这个银色块状物，我回味着它的强大。仅一克这么小块的稀土磁材料就能提供让我手机震动的电量。稀土也是手机声音系统的关键。电磁体可以产生强度变化的磁场，吸引或排斥扬声器内部的永久磁体。这样扬声器就能将震动转化为能被听见的声音，如响铃声或妈妈的声音。

佐川的稀土磁体的妙处在于，它能高效地将电能转化为发动机的运动，这就使更小的电子设备，更清洁、更环保的发动机，以及更精确的武器系统成为可能。其高效意味着这些磁体和其中的稀有金属几乎无处不在。它们承担了各种各样的任务，这些任务在外行看来与磁无关，而实际上是有关的。稀土磁体帮助计算机硬盘储存信息，提升空调的能源效率，驱动混合动力车前行。

佐川的发明在现代社会中扮演着隐秘但又关键的角色，这也使他跻身当今最值得关注的发明家之列。然而，这个低调的人及其发明的知名度仅仅局限于一个很小的科学家圈子。事实上，佐川和他手中的稀有金属和稀有元素一样，逐渐隐于沉寂。但在2010年，事情发生了改变。

现在，日本当局更多地注意到了资源依赖的问题，也注意到了许多公司为保障资源而迁往中国对制造业造成的损失。中国切断稀有金属供应引发了日本的恐惧，此后，东京给了佐川1000多万美元让他将镝移出磁体。2013年，佐川将磁体中的镝含量从原来的10%降低至约3%，不过将这种新磁体运用于实践还需要几年的测试。但减少磁体中的镝含量并非应对镝短缺的长期解决方案，因为如此微量的减少，在世界磁体需求量上涨的态势下显得微不足道。

理想中，日本很想造出不含镝的永久磁，但佐川和其他研究者认为不可能。自然产物的完美替代品不易找到。爱荷华州立大学的材料科学家卡尔·克施耐德（Karl Gschneidner，因其对稀土元素的毕生研究而被称为"稀土先生"）指出，全世界已花了30多年寻找这种永久磁的替代品，但进展甚微。

当然，降低对稀土的依赖并不能解决日本和世界其他地区对基础资源的担忧。就像稀土替代了钴，以替代某种稀有金属为目的的科学进展不过是把对一种材料的需求转移到了另一种的身上，新材料在政治上也同样敏感、脆弱。新技术意味着世界必然会利用越来越多的稀有金属——毕竟从20世纪70年代末以来，钴需求增长了三倍，而这在某种程度上使得稀有金属在地缘政治上越来越重要。

正如中日资源之争所展示的那样，决定一国资源安全的不再仅限于石油和天然气。全球的资源需求扩大，稀有金属愈发处于资源丰富国和资源匮乏国之间冲突的中心，制造商和生产者也被卷入。美国参议员杜坎·亨特（Duncan Hunter）非常担心资源丰富国操纵的地缘政治杠杆。它们"能够运用巨大的杠杆来控制资源匮乏的国家，即不是通过攻击坦克、卡车、轮船和飞机来控制，而是通过原料的供应来控制。"这是美国在一个世纪之前就已学到的。

第一次世界大战开火之前，绝大多数国家都很少注意到资源供应链在战争中的决定性作用。但随着战争性质的改变——越来越机械化，越来越依赖重型火炮和武器而不是士兵的人数及一对一的格斗技巧——资源在战争前线占有了一席之地。新式武器需要铁等基础金属，稀有金属和一些鲜为人知的金属（如让武器更结实、更耐热的钨和钼）的需求也在不断上升。在第一次世界大战期间，一种钢强化剂——钨在战争中是如此重要，以至于美国将向敌国出口钨视为叛国。

战争结束后，多种稀有金属和其他资源的短缺迫使少将詹姆斯·哈伯德（James Harbord）列出一个囊括42种战略性材料的单子，其中包括钒、钨、铬等被认为在战争中起到决定性作用的稀有金属。同时，德国也吸取教训，通过精炼铜及其他金属、发展替代性合成材料、与矿产公司签订长期合同来扩大其冶金产能。

各国卷入第二次世界大战后，美国采矿办公署（U. S. Bureau of Mines）的监理工程师查尔斯·梅里尔（Charles Merrill）警告说："在战时，胜利或失败取决于战略性材料的可得性。"美国决定必须在资源的前线展开争夺。政府也为研发采矿地点和施工设备补充了国内资金。此举为战争积聚了国内资源，实际上，有近50种不同的矿物被储备起来。

20世纪30年代后期，为了限制日本不断膨胀的军国主义，美国总统富兰克林·德拉诺·罗斯福推动了"道义禁运"（moral embargo）。他鼓励美国制造商限制向日本出口飞机零件以及一系列稀有金属，如钼、钨和钒。战争正式打响后，华盛顿向拉美邻国施压，不能将资源卖给敌国，又运用美国的石油出口作为杠杆敦促西班牙和葡萄牙停止与德国进行钨贸易。同时，美国又花费了20亿美元在全球购买稀有金属，积极开展与德国的价格战，从而将某些材料的价格推高至和平时期的十到二十倍。到战争末期，盟军已成功切断纳粹的铬、钨供应。这是一个伟大的功绩，就像里根政府的国防部官员之后评论的那样：它"停止了纳粹的战争机器"。

体会到了在战争中保障关键材料供应的重要性，杜鲁门总统在1951年组建了材料政策委员会（Material Policy Commission）。

它制定出一个框架以保障美国军工企业有充足的资源在全球市场上处于上升地位。这是该国历史上最长的报告之一——12卷的决议全部摞在一起能超过1英尺。在国际上，美国还派出了几任外交官在一个新成立的非铁材料政策办公室中任职。

整个20世纪60年代，政治圈对关键材料的兴趣仍保持高涨，70年代的石油危机再次点燃了大家对关键资源的关注。不过，随着80年代初的经济衰退，由关键材料引发的恐惧与担忧得到了抑制，相对价格下降的时代开始了。某些商品如石油，价格下降得更甚。西方国家的政府开始感到，自然资源安全特别是关键材料的供应，已成为昨天的问题。美国总统罗纳德·里根和英国首相玛格丽特·撒切尔都相信，如果放任市场自由，资源会自动得到合理的配置。尽管在其任期之初发生了资源短缺，并且担心苏联对关键材料的控制，里根政府还是拒绝补贴任何用于军事防御的矿石生产。

与此同时，美国政府也放缓了对稀有金属供应链的研究，资源安全政策停滞，在某些情况下，政府甚至有意识地弱化防卫。1993年至2005年，国防部出售了75%以上的库存，表达了国家对商品市场的信念。

这种向着自由市场的驱力，本质上源自增长了的自然资源需求。中国的百万消费者和由苏联独立出来的国家已不再受限于计划经济，并开始像西方国家那样消费。这就为稀有金属的崛起埋下了种子，因此其价格在20世纪90年代中期又开始上涨。这种转变标志着始于几十年前的难得一见的价格下降时期结束了。

现在,全球更多的消费者和生产商依赖于更多的稀有金属。因此,资源丰富国已日益意识到稀有金属所带来的地缘政治和经济能量。日本这种国家不论是通过开采自有矿藏还是通过保障贸易稳定都不能满足自身的资源需求,于是,企业开始离开这些国家并带走数千个工作岗位。若该资源是指稀土或是其他稀有金属,迁移的目的地就是中国。

在中国的发展中,稀有金属的重要性和稀土元素的特殊性可追溯至该国的改革领袖邓小平。1992年,他说:"中东有石油,中国有稀土。"那时,中国出于自身需要开始开采稀有金属资源。15年前,该国已开始发展制造业和建筑业,对进口材料的依赖不断加剧。为了减轻依赖,中国增加了对国内发现的初级产品的投资,包括矿产尤其是稀有金属。

中国的人力成本和环境标准较低,因此常常能以50%~60%的折价生产多种稀有金属。于是,国际市场很快被打开,出口创造了硬通货,国内的制造业也有了稳定的金属供应。为了增加出口,中国引入了出口退税,进一步降低了商品的出口价格。中国以外的公司无法与中国公司的低成本竞争。德国和法国的钨矿于20世纪80年代关闭。同样,美国的稀土矿生产商也于90年代关闭。很快,生产商们就对如此低廉的价格产生了依赖并习以为常。中国因此成为许多重要金属包括稀土矿的唯一卖家。

很快，政策变得更加深思熟虑。他们意识到将矿产卖到国外意味着失去机会。有着对稀土矿产发掘近乎垄断的控制，中国的产业政策推动了稀土元素制成材料的发展。久而久之，稀土供应链成为成立高科技公司以创造国内工作岗位这一战略的核心。与日本意欲通过出口来创造工作岗位不同，中国想要通过建设高科技制造设备来利用自己的资源、雇用自己的人民。

为了达成这些目标，中国于21世纪头几年反转了稀土和其他金属的出口政策，开始限制出口，用出口配额等措施限制资源的外流。较低的国内价格诱使外国公司将业务转移至中国，以便无限制地获取丰富的稀有金属资源。中国稀土行业协会前会长干勇在2013年这样表述中国长久以来的政策："稀土的价值最终要体现在终端应用产品上。"

中国意欲控制从稀土到终端产品的整个高科技供应链的企图使许多国家感到恐慌。不过没有人像格拉尔德·范登博加特（Gerald van den Boogaart）那样指明风险的所在。

如果有人想让演员选派部派一个德国数学家过来，他们可能会派出亥姆霍兹弗莱堡研究所的范登博加特。他的头发黑白参半，乌黑蓬松的刘海参差不齐地从银框眼镜溢出来。他的英语有着很重的德语口音且略带疲惫，即便他尽力传达着自信的神气。

作为一个数学家而不是稀有金属专家，他出人意料地成了采矿、冶金与勘探学会（Society for Mining, Metallurgy & Exploration）在2014年丹佛关键矿产会议上的发言人。在一次题为"稀土价值

图2 中国在全球稀土元素生产中的市场份额

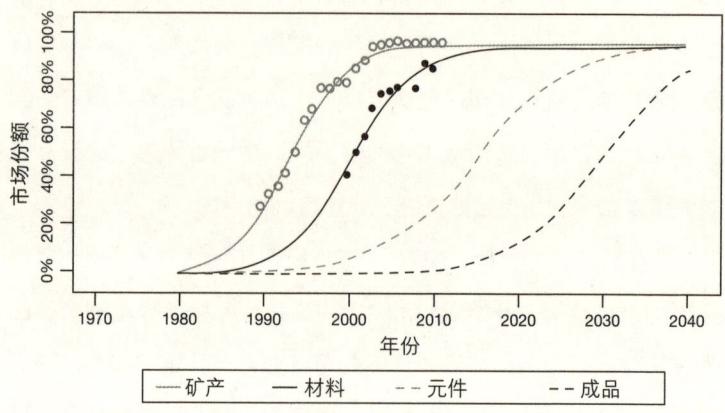

资料来源：Karl Gerald van den Boogaart, Polina Klossek, and Andreas Klossek, "How Forward Integration along the Rare Earth Value Chain Threatens the Global Economy," paper presented at the 2014 Critical Minerals Conference, Denver, Colorado, August 3–5, 2014. Data based on Roskill Information Services and Brose Group.

链的进一步整合如何威胁全球经济"的发言中，范登博加特指出，中国会很快主导从计算机到高铁等高科技产品的元件生产。发言中有一幅图（见图2），图中是四条相互平行的向上倾斜的S形曲线。前两条S形曲线追踪了自20世纪80年代末开始中国稀土开采的全球份额：从一开始只占世界稀土产量的一小部分，到新世纪的垄断地位。第二条曲线轨迹类似，描绘了几年后中国稀土材料的生产，它同样呈上升态势。

接下来的两条S形曲线是范登博加特对未来的预测，其中一条表明中国稀土元件制造的全球份额不断上升，另一条则描绘了依赖于稀土的产品的情况,包括轿车、风力涡轮机、核磁共振成像仪。

从严格的经济学立场看,范登博加特关心的是公共部门:他估计稀土产业每年的税收高达40亿美元,稀土材料、高科技元件和制成品的税收要更多——约为前者的10倍,这就意味着生产这些东西总共能创造4万亿的产值。对他来说,中国政府只需做个简单的计算:现在投资几十亿,未来就能收获几万亿,那为什么不做呢?

他预测,在未来的几十年间,从轿车到太阳能板,每个高科技系统都可以由中国很好地制造出来,其他国家的制造业会萎缩,就像此前的稀土生产那样。

这一转变已然发生。日本的诸多产业曾是中国稀土的最大市场。在过去的十年里,他们将需要中国稀土的业务移至中国。总部位于加利福尼亚的公司"美国元素"(American Elements)的首席执行官迈克尔·西尔弗(Michael Silver)告诉我:"我们眼睁睁地看着一大批客户最终将厂址选在了中国,以便获取稀土元素。"他补充道,历史上通用电气电灯泡中的所有铈和钕都由美国本土供应。"现在,所有都从中国进口。类似地,所有的风力涡轮机主要生产商都将业务移往中国。"日本官方也讲述了类似的故事。

对此,中国也并不讳言。2011年,时任中国副总理的李克强访问日本,他邀请日本人把他们的技术带到他的国家。"中国希望引进更为先进的稀土技术,"李克强说,"我希望两国企业能够开展合作。"

中国并不是唯一一个利用自有资源发展自己的国家。美国禁止出口特定的石油产品，其他资源丰富的国家包括印度尼西亚、乍得、津巴布韦也在限制出口。只不过因为中国是稀有金属的主要玩家，其政策才引发了全球的关注。

许多经济学家相信，稀土元素之战已经过去。中国调整了贸易政策，稀土价格已从其峰值跌落。不过元素周期表上的争夺是个持久战。自从中国控制了稀有金属生产的增速——所有稀有金属的生产增速从 2000 年的 29% 上涨至 2010 年的 40%，对那些依赖稀土元素的企业和国家来说，风险仍然存在。即使这些企业和国家通过改用其他金属将对特定稀有金属的依赖转移至其他金属，就像世界曾经从钴转移至其他金属一样，他们仍会不断学到，只要市场中潜在的不稳定性仍然存在，替代品并不能让他们更安全。

人类资源未来的真正挑战不仅限于地缘政治争端。因为即便一国愿意贸易，稀有金属的供应障碍也俯拾皆是。

第 3 章
脆弱的合作

垄断和投资动机

在几个世纪的时间里，巴西小镇阿拉夏（Araxá）迎接过无数的到访者。他们在周围起伏的山丘中探险，享受天然温泉和微放射性水疗。距市中心几英里的雨林外有一处葱翠茂盛的地带，其间坐落着一座房价每晚三百美元的酒店——阿拉夏温泉宾馆，它可谓殖民时期建筑风格的珍宝。为了吸引国内外的中产阶级游客，巴西前总统于1940年修建了这座酒店。酒店的建筑风格十分庄严。除了政府的议会大厦，很少有地方会建这种浮夸的三层圆形大厅。这些大厅的天花板镶嵌着彩色玻璃，地板则由黑白大理石砌成。在这些宏伟建筑的背后，还建有旋转赌场日夜营业。70年后，这座酒店已失去往日的光辉，人行道水泥砖之间的缝隙杂草丛生。我2013年到访时曾怀疑，总共283个房间中是否能有15间住上了人。

实际上，阿拉夏早已丧失了对游客的吸引力。在办理入住手续时，我遇到了一位来自该区域首府贝洛哈里桑塔的女士，她对此处夜生活的单调颇有怨言。她告诉我，她每隔一周就要到这里出差，晚上宁愿待在房间里也不愿出去。

事实上，尽管旅游业的历史更长，但其收入在几十年以前就已被采矿业超越。在被问到酒店和地下矿产何者更有价值时，当地的一位地理学家回答说："当然是矿产了。"从度假村上去，是阶梯状的、被切割开来的人工山丘。被切割的优雅线条勾勒出一幅幅真人大小的地形图。几十年来，这些山丘因采矿而被刀削斧凿，宏伟的酒店也因此显得格格不入。尽管旅游和采矿之间始终存在着矛盾，但它们还是同时出现在阿拉夏，因为这里是一座破败的火山口。

一座曾经的火山为小镇带来了滚烫的温泉，也留下了丰富的矿产。岩浆渗出地壳，形成了富含铌、稀土元素、磷酸盐的矿产。自1955年起，阿拉夏就是世界最大的铌（一种软的、花岗岩灰色的金属）开采商——巴西冶金和采矿公司（Companhia Brasileira de Metalurgia e Mineração，CBMM）的总部所在地。同时，它也是一家较小的生产商河谷肥料（Vale Fertilizante）的所在地。河谷肥料是采矿巨头巴西淡水河谷公司（Vale）的子公司，专门开采用于肥料的磷酸盐。阿拉夏也是我去过的少数几个生态旅游和采矿业和谐并存的地区之一。不过，环境主义者和开采商之间的关系也只是表面和气而已。

穿过度假村的停车区，你会看到一个结实的、奶油粉色的五层建筑。尽管门口的招牌上写着"科伦坡酒店",但实际上并没有房间可供预定。游客不断减少,因此小镇在几年前将酒店改成了市政办公室。政府希望将该区域的资源资本化,故计划把此建筑用作技术中心以吸引研究专家和制造商。一个颇有远见的市长想使采矿业的产值在未来翻倍,而在这个旅游市镇,似乎很少有人对此公开表示反对。现在,该镇的就业和经济基础都建立在采矿而不是酒店之上——小镇约80%的收入都源于采矿。CBMM是幸运的,因为它几乎没有遭受指责。

在其他地区,开矿都会受到居民强烈的反对。即便是在科罗拉多以开采为生的乡村(那里现在还有供旅客游览的老矿井),要开新矿,特别是有放射性的新矿,也会受到很大的阻力。CBMM是幸运的,因为它的矿井比绝大多数镇上的人都要老,并且一直在扩大。这种时间优势正是新矿所缺乏的。打消居民对环境的忧虑正是新矿井面临的诸多困境之一。此外,新矿还必须应对政府的监管、反复无常的气候,以及资金匮乏的金融市场。不过有时,难倒他们的是那个最基本的问题:只有确实存在资源的地方才是可以开采的。

地壳中绝大多数稀有金属为人所用的时间只有几百年。由于分布不够集中,所以对它们进行开采并不具有经济价值。石油也是如此。有些地区有幸拥有大量石油,故而对整个市场的影响力很大。沙特阿拉伯拥有全球石油储量的16%,其石油产量占全球产量的 10% 以上，这样的主导地位曾使该国一度掌控着石油的定价权。大多数稀有金属的集中度比石油还高，因此它们所能带来的控制力更强。比如中国湖南省的冷水江市，当地政府掌控着世界锑产量的 60%。

依赖于一国特别是一矿的风险很大。自然灾害、政局变动，或是像刚果那样的军事冲突，都能在很短的时间内造成短缺。供给集中于一矿，就是一些业内人士对 CBMM 主导的市场感到担忧的原因。实际上，世界上 85% 的铌都产自该矿，美国甚至将其视为对全球具有决定性作用的基础设施。

CBMM 是我见过最稳健、运营最好的矿产公司之一，它用一系列专业认证来保障自身的高效运转。然而，这家公司似乎有着一种隐秘的氛围。我曾用邮件或电话联系过几个 CBMM 的员工，他们要么不回复，要么让我去找别人——首席执行官塔德乌·卡内罗（Tadeu Carneiro）。他们有理由保持忠诚。他们的孩子上大学会有教育补贴；公司为他们支付医疗和住房费用。这些花销很大，他们告诉我。总共 1800 名员工中，每年只有不到 10 人离职。

1985 年，美国国家研究委员会国家材料咨询局这样概括该公司的市场地位："CBMM 拥有最大的产能……成本却是最低的。因此，CBMM 在任何时候都能通过降价赶走竞争对手。不过，它当前的策略是让竞争者存活下来并整合下游产业。"现在的情况差不多也是这样。

对 CBMM 好的不见得对整个市场也好。这家公司开采的铌矿，其储量可以满足全球 200 年的需求，生产效率高且收益巨大。公司的所有者——莫雷拉·萨莱（Moreira Salles）家族拥有约 270 亿美元的资产，其中的一半源自该矿。据彭博新闻社报道，该矿的净收益利润率高达 37%，每年的利润超过 6 亿美元。

买方一般会认为，市场能够从竞争中受益。但 CBMM 的成功甚至让它的客户想要成为它的所有者。考虑到对原料供应的依赖，日本和韩国的几家公司——CBMM 最大的几家客户，2011 年 3 月在政府的支持下以 18 亿美元购买了公司 15% 的股份。6 个月后，中国也出资 19.5 亿美元购买了它 15% 的股份。然而，即便拥有所有权，这些亚洲小股东仍被禁止进行技术尽职调查。这座矿井的神秘由此可见一斑。

甚至是在进入大门之前，我就感受到了那种隐秘的气氛。即便有阿拉夏市长达·科斯塔在车内作陪，我还是得把车停放到 CBMM 警卫室旁边的停车点内。一位穿戴整洁的保安尽职尽责地检查了我的护照和其他客人的身份证明。我回头望向大门，看到另一个保安正在搜查等在关闭的出口边上的一辆轿车的行李厢，似乎在寻找不应被带出矿区的东西。

进入工地后，我就被一个奇异的组合震惊了：地面十分平整，工业技术园竟与一个乡村俱乐部相邻，远处则是一处被挖开的土地。这很难称得上一个普通的矿区：街道两侧棕榈成行，绿色草坪刚刚修剪过，建筑是卡其色和蓝色的，有些还配有烟囱。我满怀钦佩地看着穿着统一连衣裤的工人们在矿上的一个公交车站等车。这时,市长倾身过来对我说:"这个城市为有这么一个漂亮的工厂而自豪。"

接着,我们来到了一个游客中心,门口的地垫洁白如新。正当我把脚放在上面时,我看到了 CBMM 的首席执行官塔德乌·卡内罗。他身着蓝色牛仔裤,蓝色的扣领上衣上别有一枚其母校匹兹堡大学的领针。卡内罗头发乌黑,眉毛浓重,声音沙哑。他有着与生俱来的魅力:他的英语带有葡萄牙语口音,语速缓慢而有节奏,还喜欢在谈话中带上对方的名字。这是为了传达亲和力和某种关联感。

简短介绍了矿区的情况后,他表示:"我们是家技术公司,大卫,这毫无疑问。"这是采矿公司执行官的陈词滥调,以便将人们对公司的关注点从开采转移到矿产的应用上。卡内罗解释说,开采仅是公司 15 道技术程序中的第一道。将矿石转变为可被用于产品的金属或富含金属的材料,是与开采完全不同的技术领域。

CBMM 非常幸运,公司的矿井土壤疏松,用不着使用最昂贵的爆破方式破坏岩体。矿井位于地表,所以它的生产成本要远远低于那些需要掘地数十乃至数百米的矿井。CBMM 使用卡车和传送带,将铌含量为 2.5% 的矿石从矿井运送至加工设施。因土壤疏松,他们也不需要像其他开采者那样把矿石磨碎、筛分。(压碎和研磨所耗费的能源大约为开采所用能源的一半,所以磨碎工作量少就意味着利润高。)

接下来就是清除废料——一切不含铌的东西,这一过程需要用到过滤器、磁、水、热和酸。目标是进一步将所需矿物从不需要的东西中分离出来。富含铌的矿石被压碎后,就会被放入泡沫油性酸发生器。铌会粘在气泡上,从而与其他材料分离开来。CBMM 可提炼出铌含量为 50%～60% 的浓缩铌材料。然后继续将之精炼,或与其他物质混合以满足客户(大多是钢铁加工厂)的要求。炼钢时每吨加上一小撮铌,就能大幅减少最常见的产品(如管道、桥梁、涡轮)中钢的用量。古斯塔夫·艾菲尔总共用了 7000 吨钢来建造那座最终以他的名字命名的铁塔;加入铌之后,建造同样的塔就只需要 2000 吨钢了。

"40 年前,铌只是一种理论上的可能性,一个实验室中的白日梦。"卡内罗说。从他富有节奏感的语气中可以听出,这个故事他已讲了许多遍。在讲述铌市场的发展历程时,他本该提及过去 60 年几乎所有稀有金属——从镝到钛——的市场发展。它们最开始就只有很少的几种用途,现在,新的用法被研发出来,这些金属已经变得无可取代了。

20 世纪 50 年代 CBMM 刚刚起步时,铌的市场还很小,即便英美的研究已经发现它能增强钢的强度,减轻重量,提升耐热性。这些特性很重要,因为第二次世界大战时英国的钢制战舰在大西洋的冷水中破裂,有三架飞机在飞行中解体。这说明,当时的材料科学家还不能跟上海军、空军工程师的想象。总之,当时专门研究铌的人很少，人们不能开发出能够盈利的矿区，提炼工艺方面也存在困难。就在这时，CBMM 决定向这一市场进军。

一开始，CBMM 就必须依靠自己的力量开拓市场，售卖这种异于铜和铁、没人知道其用途的金属。为了增加销量，CBMM 积极为铌寻找用武之地，提高需求量；同时，它还不断改进冶炼工艺，降低价格，以使心存怀疑的客户愿意尝试。20 世纪 60 年代，CBMM 成功地降低了生产成本，铌的价格也下降为原来的四分之一。

这十年间，CBMM 的研究也取得了突破性的进展。研究发现，改善含铌钢的颗粒结构可以显著增强钢的韧性。到了 70 年代，钢厂终于注意到了 CBMM 的研究进展。在这十年里，CBMM 的产量平均每年增长 10%。CBMM 成功地塑造了制钢市场，让自己生产的材料进入建筑和管道生产。在 70 年代和 80 年代，越来越多的建材、造船和海上钻机选择使用铌来制造。汽车制造商同样使用更多的铌来制造更轻便的轿车，从而减少燃料消耗。

为了进一步扩大销量，公司研究了能在每吨钢中加入更多铌的方法。这曾经是一个难题。在钢水中加入浓缩程度更高的铌会使液体更浓稠。就像向烤薄饼中加入过多的面粉那样，过多的铌会令钢水难于浇铸。使用这种混合物不能生产出高品质的钢。经过长时间努力，CBMM 的科学家最终解开了将更多的铌加入钢中的难题，使销量在 1990 年到 2010 年这 20 年间增加了 3 倍。

在 25 年前的巴西，技术最先进的客户每吨钢中能加入 40 克铌。现在这种仅含 40 克铌的钢被认为是低品质的，中国国内市场上的钢就是这种。高级钢材每吨加入 100 克铌，强度更高。针对特定的钢材，如管道钢材，CBMM 甚至找到了加入更多铌的方法。

"我们从来不会担心竞争对手，"卡内罗说。他指的是 CBMM 的增长时期。当一家企业因拥有廉价资源而在市场上占据主导地位时，说出这样的话就没什么好奇怪的了。"如果人们愿意开发它们（全球约 300 个类似的铌矿），那也是好事一桩。"不过卡内罗亮出了一个可能会使潜在竞争者灰心的观点："我们会继续提高自己的制造工艺。"

自信和坚实的技术保障，是 CBMM 能够持续开采的重要原因。未来的技术会让矿石的挖掘与加工成本更低，矿产公司若没有像阿拉夏铌矿那样政治安全、技术可行、开采容易的矿床，就得立刻开拔，到越来越远的地方向越来越深的地方挖掘。绝大多数易得、纯度高且不昂贵的矿床都已被人染指。

对那些规模更小、挣扎求生的矿产公司来说，CBMM 及其成功就像是在平行宇宙中发生的一样。为了理解新矿产公司必须面临的挑战，让我们来看看梯尔敏资源（Tiomin Resources）。1995 年，这家总部位于加拿大的公司的 CEO 波特文（J. C. Potvin）认为自己发现了一座金矿——具体说是一个富产钛的矿床，它位于肯尼亚港口城市蒙巴萨向南40公里处。

波特文于是开始运作政府许可，搜集地质信息，希望能在1999年取得商业上的进展。在接下来的四年里，他的公司完成了项目可行性研究、一篇论证项目经济可行性的公司出资报告，以及多项环境评估。波特文确信项目会成功。尽管肯尼亚政府打包票说会给予"卓越的合作和支持"，但在肯尼亚经营就像在许多发展中国家一样并不简单。

环保人士反对这个项目，他们害怕采矿污染会影响周围的土壤，而农民则抱怨公司为他们的土地提供的补偿太低。肯尼亚政府最初试图持有该矿的股权，但2002年选出的新政府对该项目表示警惕，协商因此流产。在接下来的几年里，政府、法院和公司都不能就约375个家庭的安置问题达成协议这些家庭不得不离开，或是表达对环境的担忧。

争吵了近10年，梯尔敏最终在2004年与政府签订了一个21年的土地租约，制订了特许权利金的支付方案。至此，随着法律大战的进行，这个被拖延的项目的估价已从最初的1.2亿美金攀升至近2亿美元。2006年12月19日，法院最终在最后一次诉讼中作出了对梯尔敏有利的裁决。公司开工建设时，股票上涨了24%。不过市场还是过于乐观了，因为梯尔敏的计划很快就崩溃了。公司没能将所有的村民迁出。有7个家庭拒绝妥协，要他们支付相当于土地价值50倍的金额。

公司的主要投资者们——他们希望政府参与，以确保将这个项目推进下去——很快就撤资了。

2007—2008 年肯尼亚大选危机使梯尔敏与政府的合作化为泡影，因为当局已腾不出手来处理此事。2010 年，愤怒的公司董事会将项目卖给了澳大利亚的基础资源（Base Resources）。有了更强大的资金支持，再加上稳定的政府和更好的时机，基础资源最终以 3.05 亿美元的成本完成了开采。它的首次商业销售是在 2014 年，与最初发现它相距已逾 20 年。

尽管梯尔敏在肯尼亚困难重重，高科技的未来仍要依靠这些混乱地区的开采活动。资源供应链被拉长，因为开采的触角不仅伸向了更为荒凉的地带，更伸向了政治动荡的地区。在哥伦比亚，哥伦比亚革命武装力量（FARC）自 1987 年开始就发动暴动反抗政府，在亚马孙丛林深处生产钨。在刚果民主共和国，反政府力量和叛乱分子通过生产钨、锡、钽获利百万。2011 年，世界约有 21% 的钽源自冲突地区。在印度尼西亚两个相邻的小岛邦加和勿里洞岛上，一系列小型非法开采者从漆黑的锡石矿中挖出了世界三分之一以上的锡，还从含有稀土元素的其他矿石如磷钇矿和独居石中挖出了不知多少东西。

随着财富的不断积累，一些国家正开始为金属生产设置更多的限制，因为随着居民越来越富裕且开始购买带有后院的房子，他们越来越难以接受自己的后院被污染波及。这些居民有更多的时间和资源来抵制开采项目，他们对任何环境破坏都只想要补偿。2012 年，仅在马来西亚，居民就抵制了三个与开采有关的大项目,其中包括一个"轻型"稀土加工设施。

金融危机发生后投资短缺,而稀有金属项目的周期又很长。因此,我们对高科技未来的愿景迟早会与这样的现实碰撞:我们没有足够的投资来保证关键材料的充足供应。问题在于,创新的节奏以及由此带来的对稀有金属需求的增长速度,将会比规划和建造矿井所能供应的稀有金属的增长速度要快得多。

在这种意义上,从挖掘开始的稀有金属生产就类似于尊尼获加尊荣威士忌的蒸馏或是切达干酪的提炼。从开始生产到最终享用需要长达数年的周期。就像美国政府所说和梯尔敏所经历的那样,稀有金属矿井(和供应链)从投资到生产需要 15 年的时间。这就意味着,现在挖掘出来的稀有金属来自 2000 年建造的矿井。在这段时间里,许多金属所服务的技术领域已经换代了。很难想象为 2015 年生产材料的 CEO 们真能对使用了这些材料的智能手机等产品有什么概念。当时,他们还在关注千年虫可能带来的潜在后果。如今,我们要求矿产经理人,特别是那些新进入的矿产公司的经理人拥有强大的技术预见性,他们需要识别并评估新的矿床。他们应该知道 15 年后这些材料会卖到哪儿。

困难在于,这些年轻的矿产公司就像那些生物技术的新兴企业那样,它们中的绝大多数,即便是那些手握最有前途项目的公司,都会失败。但如果没有生物技术,下一个治疗癌症的伟大药物就不会被研发出来;没有这些年轻的矿产公司,世界就不会有用于下一种绿色能源的材料。而且,与那些生物技术公司一样,没有投资者的支持，这些公司什么也做不了。

2013年4月的一个星期天的早上，时间还不到8：30，罗恩·麦克唐纳（Ron MacDonald），InvestorIntel技术金属峰会全体会议的发言人，走上了多伦多喜来登大酒店会议厅三尺高的讲台。加拿大人麦克唐纳，曾经做过国际贸易秘书，现在是一家钒开采公司的经理人，一个稀有金属的传道者。现在，在一大群稀土勘探经理人面前，他需要完成一个艰巨的任务——为这些年轻的矿产经理人打气。他们刚刚目睹了稀有金属价格（连同他们公司的股价）在过去的18个月内下跌了80%~90%。

金融危机后，矿产公司很难找到资金支持，到了2013年，情况更加恶化。近十年内第一次出现这样的情况：2013年的第一季度，在采矿公司云集的多伦多股票交易所没有新的矿产公司首次公开发行股票。投给该行业的仅有的一点点钱，也流向了CBMM那种大公司，而不是这间屋子里的这些人，而他们花费了整个职业生涯来寻找新的稀有金属矿藏。

该年度的前3个月，年轻的矿产公司筹集到的资金仅占所有投向采矿业的资金的3%，也就是说，全球范围内每家新创公司平均只获得了不到10.2万美元。由于这些公司中的大多数都还没有开始售卖金属，他们就只能靠投资生存。没有投资就意味着没有工作。前途似乎更加灰暗。

在多伦多会议之前，IntierraRMG，一家领先的采矿业数据提供商，宣称"行业已进入寒冬"。普华永道咨询部门甚至更悲观，硬生生地表示"矿产勘探业内的重要实体将面临巨大的死亡风暴……这会对新增矿产储备的运输造成重大影响"。要为世界找出重要材料的可靠来源，这些公司需要钱。现在，一些勘探公司绝望到在推特、领英、脸书上为钱吆喝。为了扭转低落的情绪，会议的组织者甚至安排了在午餐时间鼓劲的发言人。

作为会议第一天的开场发言人，麦克唐纳接收到了弥漫在房间内的沉郁气氛，并决心将其扭转过来。他讲话时带着一种坚信，他的口号是"忘了市场上所发生的事吧。""我们感到新浪潮正在来临。""我们谈论的是一个年收入以万亿计的行业，它即将走出阴霾！"但他也一定注意到了我所看到的那个关键问题。除了年轻矿产公司的经理们，我还认出了几个顾问、政府官员和行业分析师，但这个投资人会议所缺乏的恰恰是它最关键的参与者：投资人。

并没有达成和约的兴奋气氛，这项活动有种例行公事的感觉。每个人都知道其他人的情况，看起来，他们来参加活动是出于义务而不是愿望。

即便在经济最景气的年头，经营稀有金属业务也很艰辛。就拿麦克唐纳的钒来说。在成功说服投资人掏钱之前，他需要一遍一遍地解释什么是钒。很难就一种没人听说过的东西进行"电梯游说"。

麦克唐纳可以鼓吹钒的基础应用：只需加入不到 0.2% 的钒，

钢的强度就能翻倍，重量也能减少30%。（钒在强化建材方面表现优异，而铌在石油管道建设方面更合适。有时它们一起使用。）他也会谈到钒在社会中的重要作用。1905年，亨利·福特发现法国的汽车制造商使用了含钒的钢材，这种钢材要比美国的更轻、更硬、更强。他引入了这项技术，并将之运用于他生产的1500万辆T型车的齿轮和车轴上。这种材料非常关键，福特声称："没有钒就没有机动车！"

对麦克唐纳来说，这一切都是历史。而卡内罗关注的则是金属的未来，他倾向于使用夸张的语言来表达。麦克唐纳的公司——美国钒业（American Vanadium），称自己的材料为"圣杯"，因为它还有一种潜在用法——高容量蓄电系统。麦克唐纳说，通过将间歇性能源（如风能和太阳能）发出的电储存起来，钒电源组将会成为全球绿色能源网络的核心组件。

经营一家处于早期阶段的矿产公司，靠的常常是推销术——说服他人为你的想法投资——而不是地质学。经理人把时间都花费在寻找资源上面，但问题常常出在融资而不是矿石上。即便是像麦克唐纳那样在保障投资方面非常成功的人，也面临着比前代矿产经理更多的难题——不断增多的环境管制、更高的开采成本和特许权使用费，以及更复杂的地质构造。

不过，投资者有理由感到不安：投资于关键材料是一场豪赌。公司意图开采的资源确实埋在地下？公司能否研发出将金属从矿石中提炼出来的技术？材料科学家是否能找到所提取的资源的新用途？配件制造商会选择何种金属来制造他们的商品？

虽然年轻的矿产公司都想让下一个有生产能力的矿井属于自己，但它们中的大多数抱负并没有那么大：比如说为下个阶段的开发筹集足够的资金。评估矿藏的地质构成，获得必要的政府批准，以及证明自己拥有生产可靠产品的能力——这些都是开工前要完成的任务，而这常常需要花费几千万美元。如果一家公司能够向投资者展示他们拥有一座可投入生产的矿井——这确实很难做到，他们就得先找到资金雄厚的投资人和银行为他们投资几百万乃至几十亿美元——取决于资源储量的大小——来建设矿井、购买设备、修路、铺设电缆。

像上市公司那样融资就意味着严密的市场监控，经理人的注意力也会被种种事情分散。CEO 们必须应对无数投资人和分析师的询问，这些都是以牺牲矿床开发的时间为代价的。这种分散所造成的损害，作为股份不公开的 CBMM 的经理人，卡内罗并不用担心。如果 CBMM 现在要上市，他就不得不让自己暴露在投资人电话的枪林弹雨中了。

而且，由于建设矿井所需的周期很长，开采公司正试图预测未来的需求以确定他们的资源是否真的有市场。相反，CBMM 拥有一项稀缺的财富：对研发的长期投资，这些研究将会找到稀有金属的新用途。仅靠少量科学家、工程师和一步一步筹集的基金来建立矿井，是项令人望而生畏的任务。现在要发展出 CBMM 这样的公司非常困难，特别是对上市公司来说。现实是许多年轻的勘探机构仍在试图找出他们究竟有些什么，以及如何将其挖出。

对一座新矿来说，困难不仅在于那些老矿井的产量比自己更多，更重要的是如何进入市场与在位者竞争。不过，新矿和高产量有利于市场形成有弹性的供应链，开发有成本效益的资源。许多新崛起的公司当然想达到 CBMM 的高度。不过，历史的经验告诉我们，他们中的绝大部分，不是像梯尔敏那样远离自己的梦想，就是像加拿大北部的阿瓦隆稀有金属公司（Avalon Rare Metal）那样不得不面对诸多的挑战——有计划但没有钱。

阿瓦隆稀有金属公司在托尔湖的矿井就是高初始成本和维持成本的典型案例。从多伦多飞行 5 小时，或是向西北开车约 5000 公里，你就能到达这个距北极圈仅 500 公里的湖泊。苦寒就意味着额外的复杂性和成本，因为挖穿苔原、在冰点以下提炼带水的矿物需要耗费更多的时间。2000 年到 2011 年，此处开采成本的增速超过了通货膨胀，差不多为通货膨胀率的两倍。这很大程度上是因为能源成本的增加。成本问题在稀土项目中乃至泛泛而谈的采矿业中十分典型，因为开采业的黄金时代早已结束了。矿石的品位在过去的 100 年间稳步下降，某些金属如铜的品位从 2001 年到 2011 年下降了 30%。此外，科罗拉多矿业大学的化学冶金学者帕特·泰勒（Pat Taylor）还指出，许多新矿中包含有"问题元素"，如砷或放射性的铀。寻找妥善处理的方法也会增加开采成本和复杂性。今天的新项目需要更为昂贵的基础设施，初始成本和运营成本也比之前有所增加，这些最终推高了金属产品的价格。

阿瓦隆曾提议大量开采，但这样做代价很高，而且还在不断提高。公司计划在原始湖的一侧挖掘稀土矿，然后再将含有微量放射性元素的矿石运往湖泊另一侧的处理设施。之后，这些矿物会被输送到约2400公里外的路易斯安那进行最终的精炼。即便还有几年才能生产，项目的预算却一直在上涨：2009年还保持在4000万美元，仅过了几年就跃升至15亿美元。对阿瓦隆的CEO唐·布巴尔（Don Bubar）来说，幸运的是，如果现有的稀土项目不能实现，他的公司还有其他地方可以开采。与大多数审慎的年轻矿产公司一样，阿瓦隆不会仅将精力集中在单一一项资产上。

1979年，当第一批开采者在加拿大西北部的托尔湖附近勘探时，他们就发现了可能出产铍的矿床。后续的开发者希望它也能出产铌。但由于距离遥远、地质方面存在困难，再加上这些特殊资源的市场价格较低，此前并没有公司成功对其进行开发。布巴尔试图改变这一境况。

可以肯定，作为典型的初创公司，阿瓦隆并不是唯一一家拥有低初始成本和乐观前景的公司。对CEO们来说，维持投资人的长期兴趣无疑十分困难，特别是在成本超支和工期一再延迟的情况下。

许多稀土公司都在破产线上挣扎，即使稀土金属价格相较于他们估算收入时升高了。按照他们之前假设，公司只要能投入生产，就可以获利。许多2011年才成立的稀土矿产公司希望筹集至少几亿美元并在2015年投入生产，但他们仍要等上几年。有些还要一直等下去。

"大多数经理人正在毁掉这个市场。"热·菲利普斯（Je Phillips）说。他是国际市场开发公司（Global Market Development）的主席，也是一位成功的稀有金属投资人。因为他们不想确定自己的矿床适合生产哪种金属，而是要找出市场上最"炙手可热"的金属，亦即那种最可能吸引资金以使公司维持运营的金属。比如说，在公司所有人决定开采铌时，内布拉斯加州稀土开发公司（Quantum Rare Earth Developments in Nebraska）就决定更名为铌矿公司（NioCorp）。

前矿产经理人和稀土元素勘探专家达德利·金斯诺斯（Dudley Kingsnorth）告诉我，一个蛭石开采项目的经理人把自己的矿床叫作"阿拉丁的洞穴"，从中他可以找出能使投资者为他掏钱的任何金属。

为了理解为何这些公司能够在同一片土地开发出能生产不同金属的矿产，他说，你需要懂点矿物学。像托尔湖那样的矿床形成于几百万年前。岩浆——地幔和地壳融化后形成的液体，由地下运动至地球表面，从而形成了矿物。岩浆的独特成分以及当时的外部条件——岩浆在何处溢出，在多长时间内保持灼热，深度多少，压力如何，一路上遇到何种物质，是二氧化碳还是水——

决定了哪种金属会生成。资源丰富的地区常常拥有大量的矿物，所以在能找到稀土元素的地方，你也能找到钍、铁、铌等金属。既然开发哪种金属都要付出代价，他们当然会选择那种最赚钱的。

不过我们也有理由保持乐观：CEO 们看到的是金钱的堆积，这会鼓励他们将每个项目进行下去。他们可以将钱退给投资人，然后再花上几年寻找新矿，或是仍将现有的项目进行下去，即便它们前途渺茫。退款的情况极少发生。面对困难，一些矿产公司选择进行过度营销，另一些公司则选择使用谨慎的语言从积极的角度描述他们的努力。

2013 年，阿瓦隆在一则通讯稿中表示："一项优化了的湿法冶金工艺可以击碎浮选精矿中的所有矿物，它有潜力将重稀土元素的回收率提升至 90% 以上，锆、钽、铌的回收率也会提升。"我的解读是：企业科学家有办法将多种稀土元素与其他矿物一同从矿石中提炼出来，但他们仍需做很多工作来验证这个办法是否有用。这个行业充斥着令人摸不着头脑的行话术语，投资人常常会被它们吓退。

为了在如此之长的过程中消除投资人的疑虑，许多 CEO 选择报喜不报忧。毕竟资金有限，所有的经理人都在参与争夺，并试图在竞争中领先一步。这种极度高涨的情绪使投资人很难将具有现实性成功机会的企业与在生存线上挣扎的企业区分开来。问题部分是由投资者本身造成的，因为他们渴求好消息以提升公司的股价。

首先，客观事实常常不得而知。"你需要区分哪些项目前途乐观，哪些前景暗淡。"澳大利亚科廷大学的行业研究员约翰·赛克斯（John Sykes）告诉我说。不过一般的投资者要做到这一点很难。一些矿产公司忽视环境、冶炼或经济问题强行投入生产，并抬高最终产品的价格。企业披露的信息也不见得完全真实。研究性文章《矿井规划者如何用数字撒谎》的作者格拉哈姆·拉姆利（Graham Lumley）讽刺道："如果你确实找到了客观事实，你就会发现我的宠物独角兽也在那里。"

一些研究（包括拉姆利的研究）认为，矿产公司承诺过多而交付不足，项目的成本和耗时往往超出预估。安永（Ernst and Young）发现，向公众报告成本超支的公司，项目的开支平均要超出预算70%。拉姆利还发现，开采的实际回报要比公司预计的低80%~90%。矿业巨头必和必拓（BHP Billiton）发现，这些公司2008年承诺的钢产量是分两年交付的，实际抵达市场的还不到承诺的一半。

尽管彻头彻尾的骗子很罕见，但年轻的矿产公司普遍夸大其词的商业计划为资本市场种下了不信任的种子。20世纪90年代中期，大卫·沃尔什（David Walsh）于1987年建立的小型勘探公司Bre-X吃光了老本。于是，它宣称要向世界上最大的几座金矿进军。公司的股价在几年内从0.3美元飙升至250美元，直至投资者意识到这不过是一场骗局。谎言戳穿后，多伦多股票交易所主席罗兰·弗莱明（Rowland Fleming）这样评论："如果有些人就是要撒谎,而且撒谎成了一种潮流,就像 Bre-X 的例子所显示的那样,那么世界上所有的信息披露原则就都不能为投资人提供保护,不管他是容易受骗还是精明世故。"

在多伦多那场会议的几个月后,我又出席了在纽约举行的另一个投资人会议。会议地点距离我的老东家雷曼兄弟只有五个街区。投资市场一片死寂,花言巧语却正在继续。经理人仍在吹嘘使用他们金属的产品如何如何成功,以及这种成功所暗示的潜在需求。石墨生产商疯狂地称赞着特斯拉电动车——《汽车潮流》2013 年年度汽车的获奖者;稀土开采商提到了先进的导弹系统;钒生产商通报了钒在太阳能存储方面的远大前景。与会者中没有衣着光鲜的投资银行家,大多数投资人似乎都是为了成名放手一搏的年迈的投机分子,或是希望把 3 万美元投资变成养老账户的 32 岁的年轻一代。

在中国,一次会议后的傍晚,我坐下来与两位行业分析师谈论那些为这些年轻矿产公司投资的个人投资人。我们认为那是一个多样化的群体,不过也可分为几类人。为了保护投资者的名誉,这里使用代号:德国牙医、格林·贝克的信徒、周末赌徒。他们都幻想着一击致富,但他们投资的原因各不相同。一位分析师解释说,那位"德国牙医"是刚刚才在《经济学人》上读到稀土金属是如何对大量的环保科技产品至关重要的。他知道几种稀土元素如铥和铱,因为它们出现了在他的牙医工具中。几度调查之后,他逐渐被某家矿产公司的领导力与激情所吸引。他与 CBMM 的 CEO 卡内罗有着同样的习惯——重复着同样的咒语："这些是科技公司，不是矿产公司。"

我们叫另一位"格林·贝克的信徒"，他几乎可以说是个黄金投资者，不过也涉足其他商品。他感到美国的货币终有一天将被清算，唯一安全的方法是将财富以金属的形式储藏起来。他给资源公司投资是因为它们的股票价值与金属的价格挂钩。任何市场变动都不能改变他的投资信条，即便黄金价格已从 2011 年 8 月的每盎司近 1900 美元跌落至两年后的不到 1255 美元。他也许会在适当的时候得到教训。

最后是那个"赌徒"。他是一个敢于冒险的人，知道自己的大多数赌注都会落空。不过他认为投资得多了，就总有机会赢那么一两次。这就是他想要的全部。1000 美元投给每股 0.5 美元的股票，股价只要涨到 2 美元就能抵消另外四十场赌注的损失。精明的赌徒将投资分散到不同的行业中，损失不会过大。他们与矿产公司的经理人聊天、访问终端使用者，最终发展出一个投资主题。他们不一定比其他潜在投资人聪明，不过是更了解风险而已。

大多数拥有大笔基金的华尔街公司都尽量避免投资稀有金属。市场太过多变，公司都太小，一座矿要投入生产，需要面临的管理挑战令人望而却步。就拿稀土元素来说，这些金属大多数产自中国。它们的价格曾在 2 年内翻了约 20 倍，又在之后的几年内跌了回去。

在大公司供职的一位华尔街投资银行家告诉我说，在他全部的矿产投资组合中，只有不到3%是稀有金属。既然价格变动已成为稀有金属市场的标志，他更愿意与CBMM这样的大公司交易——他们经验丰富、技术能力已被证实，同时也做基础金属，不像那些十人小店，有的只是抱负和北极苔原上的石头地。另外，投资还要靠猜测：这些金属的市场小且不透明，对它们的需求依赖于不断涌现的新技术，而供给则常常隐于公司或国家神秘的面纱之后。

"我们确实只能投资于拉斯维加斯（赌场），"稀有金属投资人杰夫·菲利普斯说。他在2010年和2011年做得很好，随着地下资源理论价值的上涨，稀土矿井的价值骤增，他的投资也因此飙升了2000%。不过此后稀土项目的数量激增——有人统计超过了400处。"他们从未开工。"菲利普斯告诉我。即便只有10%的人开工也会造成问题。他们会淹没市场、降低价格，最终使所有生产者破产。

由于他们不厌恶风险，未来科技的种子掌握在那些为年轻矿产公司投资几百万或几千万美元的投资人的手中。菲利普斯的钱不是用来建造矿井，而是作为短期（他认为是两年左右）资本资助勘探工作。在此期间，他也提供管理建议，告诉公司如何向资本雄厚的投资人证明项目的可行性，而这些投资人更愿意为成功率较高的开采工程投资。

鲜有投资人会坚持为周期长的业务投资，他们谋求又高又快的回报。为高科技的未来提供稀有金属保障,其困难之处在于世界上大部分针对关键金属的融资系统,本质上都停留在规避风险且只为直接获利而投资的市场。CBMM长期拥有雄厚的资本支持,而这在现今的资本市场上可遇而不可求,而且渐次只可能从政府那里获得。尽管这些资源对未来至关重要,但投资人若想成功地长期投资于某个项目,还需要对技术、开采、地质有所了解,此外还应具有少数民间投资者才具有的那种耐心。

作为投资人,杰夫·菲利普斯深知,稀有金属矿井要投入生产其实颇费时日,特别是那些更复杂的项目如稀土元素项目。要证明一家公司有能力从地下获取资源并卖出,整个过程步骤之多令人望而生畏。大多数公司都失败了。

一家复杂的稀土公司要想投入生产,第一步(也就是菲利普斯常常投资的)就是评估地下的稀土资源,这一步会花费2~5年的时间。重要的不只是这种元素在地下的分布是否广泛,而且要看它的集中度是否高到让公司盈利。

一旦找到了资源,公司就会进行可行性研究,向投资人展示矿床的矿物学信息和他们的生产计划。将此类研究汇总起来就需要花费至少五年时间,投资几百万美元。然后公司会建造一个生产厂样板,这对许多稀有金属来说是个挑战,特别是稀土,因为生产它们需要复杂的化学过程。公司还必须展示它能生产大量的稀土并能借此盈利;它需要寻找项目合作者,通常是终端使用者如高科技公司,它们会承诺购买公司所生产的金属。与此同时,公司还要评估项目对环境的影响并寻求政府的批准。这些步骤的总成本可接近 1 亿美元,即便建设尚未开始。

我刚开始参加稀有金属会议时,很钦佩那些试图将看似不可能之事做成的经理人。但我也为他们感到悲哀。在一个又一个会议上,他们对几乎同样的一群人做着同样的事情,他们中的大多数与其他人一样,盼望着新的投资人能给他们投上几块钱。正如一个代表向我评论的那样,他们对彼此的项目熟悉到可以帮对方做项目介绍。

不过房间里的很多人都觉得这些 CEO 不需要同情。2013 年,尽管行业并不稳定,很多经理人还是赚到了钱,有些还赚了很多,仅仅因为他们年复一年地参加这些会议。他们需要的只是一些投资人为他们的梦想投钱。"他们的生意就是贩卖他们的股价,"金属贸易公司哈德孙金属(Hudson Metals)的丹尼·雷尔曼(Danny Lehrman)告诉我,"他们通过地下的矿藏赚到了更多的钱,而不是产品。"

布巴尔经营阿瓦隆公司已经近 20 年了,至今尚未生产具有商业价值的畅销金属。但在 2013 年,他的底薪就有 40 万美元,这还不包括股票期权方面的近 40 万美元——按照公司规定,如果公司的股价上涨,他将得到这部分奖励。像阿瓦隆这样年轻的矿产公司不能创造收益,因为它们尚未销售任何东西,所以它们所花的每一块钱都来自投资人的腰包。这就是为什么投资人对此感到高兴：阿瓦隆并没有像 2011 年股价在稀有金属价格的推动下飞涨时那样发给布巴尔 10 万美元奖金。不过你可以争辩说，对布巴尔这样的 CEO 来说，真正的奖励不是薪水，而是能在阿瓦隆的财富发生变化时靠他所持有的股票来赚钱。

布巴尔每天都要使市场确信他正在成功的轨道上前行，而 CBMM 的卡内罗无须为此忧心。卡内罗的关注点在于保持市场份额。随着中国和印度城镇化的发展和钢材质量的持续升级，CBMM 的财富连同铌市场注定要增长。在过去几十年，这些国家对新建筑的需求和城市建设的大爆炸也催生了许多需要重建的豆腐渣工程。不幸的是，劣质钢材成了房屋倒塌的罪魁祸首。

当卡内罗解释如何使用他公司的材料强化钢材以避免地震破坏并保护环境时，你几乎要为他欢呼。但他并不需要资金支持。一家对手公司敏锐地发现自己并不能对 CBMM 的市场造成多大冲击，因为 CBMM 拥有市场份额，因而有能力用更低的价格将竞争者挤出市场。即便拥有低成本的矿井、有效率的运营，以及主导更大的市场的能力，身边留有竞争者也是有好处的：它们为 CBMM 提供空间，使它能以对手公司的价格为标杆涨价而不激怒其客户。

这类谈话似乎使卡内罗不快。他努力回避那些编造"神话"的人，但他也不愿意让公司暴露在更多的监视之下来驱散那些不实的传言。"我们不需要出现在报纸上。我们总认为那些需要了解我们的人总是会了解我们的。"他告诉我。要获得可靠的资源供应,一个主要的障碍就是不透明。要保证投资资金的不断流入以及公平价格上的供给,就需要完善的市场信息。如果一个私人组织主导了市场,就像 CBMM 主导了铌市场,对世界重要金属的供应十分关键的市场数据就会缺失,潜在的投资者就会被吓退。

    谈话结束得很突然。卡内罗的下一个客人已经到了。我迈出游客中心的大门,踩在了一个崭新的门毡垫上,比之前我留下脚印的那个还要白。我坐上轿车,希望能环游整个矿区——这常常是访谈结束后的下一项安排。但那天我们未被批准访问。

    在出去的路上,我注意到一百来根白色旗杆排在入口的道路上。巴西国旗在入口处飘扬,沿着山丘向上,旗风猎猎的是中国国旗,接着是日本和韩国的国旗。我不知道这种顺序是源自这些国家拥有股权的大小,还是源于各国的订单数量。我的猜测是:根本没有关系。CBMM 的巨大成功令客户和所有者之间的界限变得模糊了。

    CBMM 拥有不可挑战的在位者优势:它所面对的市场如此狭小,它的资源如此丰富,它的运营成本如此低廉。不过就在我离开 CBMM 之时,我的思维飘到了一家名为 NioCorp 的初创公司。几个月前,这家从前的稀土公司号称拥有最大的稀土矿井。现在,它要与 CBMM 一较高下。

    NioCorp 不能在价格上展开竞争。这家公司计划建造一个地下矿井,这要比 CBMM 的露天矿井昂贵得多。此外,NioCorp 必须将启动项目的成本分摊到它所贩卖的每吨铌上。为了克服这种低利润的弊端，证明自己的可行性，该公司用"唯一的美国国产"来营销自己。其中隐含的假设是：单一依赖 CBMM 是危险的。只有时间会证明这种"用美国铌造美国钢"的论调是否会赢得市场。不过有件事似乎是确定的：NioCorp 会让一些投资人的梦想存在下去，流向管理的投资也会存在下去。

我开车回到阿拉夏。从阿拉夏温泉宾馆向外望去是米纳斯吉拉斯（Minas Geraise，葡萄牙语意为"到处是矿"）州起伏的山丘，该州正是因其丰富的矿石而得名。在远处，另一个矿区与 CBMM 一样正在开采高度浓缩的矿石。不过这些浓缩的材料不在本地进行加工，它们会被运往一个遥远的寒冷城市——有几千人在那里生活但却从未进入公众的视线。真正的金属生产就从那里开始。

ND

第 4 章
生产的两难选择

酸洗和人才流失

在苏维埃时期，爱沙尼亚城市锡拉迈埃的居民享有一项特权——拥有一辆轿车。不过，由于出行受限，他们中的大多数最远只到过他们所就职的 Silmet 工厂。Silmet 工厂也叫 7 号工厂，是一家位于该市中心大街尽头的金属冶炼厂。该市距离俄罗斯边界仅 30 公里，几乎所有居民都讲俄语，还有人来自遥远的乌兹别克斯坦。全市只有不到 5% 的人口是本地人。这个城市缺乏本地认同，但却有着同一个目标。在此处任职的科学家投身于绝密的冶金过程，冶炼铀、稀土、铌和钽。

20 世纪 40 年代末，约瑟夫·斯大林将该市建设成为波罗的海地区的骄傲。2013 年我到访时，它仍旧保持着宏伟的外观。不过，70 年的风雨已使其略显陈旧。这座城市的建筑威武庄严：大道两侧树木成行；建筑多为二层或四层的新古典建筑，外墙庄严古旧；绿地很多，包括一个拥有阶梯形瀑布的公园。

从锡拉迈埃远眺芬兰湾,景色摄人心魄。但几十年来,要到那里去是不可能的。城市建设——耗费了 1.8 万人近 5 年的时间——甫一告竣,斯大林就将其从官方地图上抹去。这座城市拥有自己专用的水源和电力系统,城市和城市中的加工设施都是国家机密。斯大林选择在此地建造加工设施,是因为地质学家报告说这里的铀储量丰富——其中一些还被用于制造该国的第一颗原子弹。但是,尽管苏联计划缜密,7 号工厂,也就是现在的 Silmet 还是建在了错误的地点。开工没多久,锡拉迈埃的铀就开采完了。市里传闻,科学家过高估计了该区域油页岩下的资源储量。还有人怀疑这个误判是一些不幸的人花费数年在西伯利亚闭门造车得来的。

本地的矿石耗尽之后,Silmet 开始寻求进口。进口的铀矿含有杂质(其他的金属),故冶炼程序更为复杂。苏联另设了两条加工线来提炼这些成分,尤其是铌和钽,而不是简单地将之抛弃。与其他金属形成合金时,铌和钽可使金属的强度增强。这些合金能够承受极端的温度,用在飞机涡轮之类的地方也不会断裂。就在 Silmet 建设新的加工线时,钽也因其独特的蓄电能力作为电子和防御设备中电容器的关键成分凸显出来。

对 Silmet 的工人来说不幸的是,稀有金属并不像沙中的鹅卵石那样能够清晰地从土壤中析出。矿产公司需要找到方法将沙土和碎石转化为金属,因为很少有金属会以单种元素的形态出现(金是最著名的特例)。选矿、浓缩、打碎、提炼、精炼和冶炼,将矿石转化为金属的过程包括了一系列步骤——浮选、煅烧、酸洗,就像我们在 CBMM 的故事中看到的那样。许多稀有金属的生产对化学家来说是种技术挑战,因此它们更应该被视为化学产品而不是地质学上的矿物。

稀有金属的加工关乎权衡——哪种金属要加工,哪种金属要抛弃。作为副产品,它们产量很小,且需要专门的加工设备,所以它们常常被抛弃。但许多稀有金属要生产就只能作为副产品生产,因为它们在地下的集中度太低,直接开采它们并不能获利。

仅是开发冶炼程序以精炼新矿中的矿石,就需要花费上亿美元。可就算花了这么多钱也不能保证成功。每个步骤都需要通过采样和调整加以完善,然后才能进入下一阶段。精炼稀有金属需要时间、温度和溶液的恰当配合,不允许出错。此外,加工成本也不一定能一直维持在可以保证公司盈利的低水平。甚至拥有富含稀有金属的矿石的公司,也不见得能找到正确的温度-溶液组合将这些金属提炼出来。加工是开采的隐含前提。拥有矿石只是一个开始。

精炼稀土元素有三个主要步骤(稀有金属当然也是如此):提高矿石中稀土元素的浓度,从浓缩后的混合物中提取稀土元素,将每种稀土金属分离出来。没有哪一步是廉价的或是简单的。加入过多的硫酸会使过多的矿物溶解,从而增加稀土元素的提取难度。风险也不仅存在于融资方面。"犯一个错就得死。"稀土技术公司 IntelliMet 的 CEO 理查德·哈门（Richard Hammen）说。实际上，某些材料的加工过程本身就能致命。在马萨诸塞州的安多弗，一座用来对金属加热和增压的 55 吨熔炉发生爆炸，近 3 吨的碎片被喷射至四分之一英里以外的地方。

仅靠打开一本金属"菜谱"来制造铌和镝是不可能的。"没有一所学校能让你学到溶剂萃取。"加工公司 Rhodia（现在的 Solvay）的前稀土元素全球研发主管阿兰·勒维克（Alain Leveque）说，他指的是分离稀土的化学程序。"你必须建立起自己的认知，或是在他人已有的认知中找到你认同的部分。"Rhodia 设计了许多现在使用的加工技术。稀土加工的权威指南是《稀土的提取冶金学》（Extractive Metallurgy of Rare Earth），其中布满了流程图和化学方程式，但却注明："该行业实际采用的加工程序是严格保密的。"那些业内知情人常常不愿意共享他们的知识。

稀土出现于 160 多种不同的矿物中，但可供冶金学家精炼加工的就只有几种。而且，哈门告诉我，虽然加工程序存在一些标准步骤，但由于每个金属矿床都是独特的，所以从不同的矿床中精炼出稀土所要用到的化学物质，其组合和用量都不同。

第一步是溶解已击碎的含有稀土元素的矿石，将其放入混合酸（如盐酸）中，使稀土元素的浓度提升。哈门这样的科学家需要找到独特的混合酸来溶解稀土矿石，就像将盐溶解在水中。

有时可被溶解的稀土元素数量有限，这也就意味着它们中有很大比例都被浪费了；有时稀土混合物会黏成一团，从中提取足量的元素即便不是不可能也会很难。因为混合物中的稀土元素的含量都不到10%，溶液也不是透明的。在很多情况下，混合物中铁的含量是稀土含量的十倍，这就使溶液成了浓稠的半咸水，有时还伴有放射性，因为混合物中自然地带有放射性元素。流程要走到这步就需要经过数年的调试。

下一步是使用离心分离机或过滤器滤出杂质，并将稀土元素从浓缩的稀土溶液中提取出来。该步骤的目标与其说是将稀土从混合物中分离出来，不如说是将其他东西从混合物中剔除。因为有些杂质与稀土元素一样会被酸性溶液吸收，这时化学家就会加入其他的酸来改变溶液的酸度，从而将杂质再次转化为固体。于是杂质被过滤出去，留下来的就是稀土元素和混合酸。然后再将酸蒸发出去，留下的就是灰色粉状的稀土元素浓缩物。最后一步是将浓缩物分离为单种稀土元素的粉末。这最后一步就是位于锡拉迈埃的加工厂Silmet从苏联时期直到现在所做的事情。

大约230年前，在1787年，瑞典中尉卡尔·阿克塞尔·阿列纽斯（Carl Axel Arrheniun）在距锡拉迈埃约800公里的小镇伊特比（Ytterby）的采石场上找到了一种奇怪的黑色、致密的岩石。它看起来不像是从矿上发掘的。作为一个化学家，他将其带回并分析成分。很快，他就意识到自己发现了一种被他称为伊特比（现称"硅铍钇矿"）的"新"矿石。不过，直到1789年，芬兰化学家约翰·加多林（Johann Gadolin）才将第一种稀土元素——

钇从这种石头中提取出来。将其他稀土元素陆续从中提取出来颇具挑战。永斯·雅各布·贝采利乌斯（Jöns J. Berzelius），阿列纽斯的教授，用了约10年才发现另一种稀土元素，而下一种元素的发现则又等了50年。实际上，这些金属使科学家感到非常困惑。19世纪的大多数物理学家都相信钕镨化合物是一种元素，直到卡尔·奥尔·冯·威尔斯巴赫（Carl Auer von Welsbach）在19世纪80年代发现它其实是两种。化学家们总共用了150年才分离出所有17种稀土元素，最后分离出的是1947年的钷。

在分离所有这些稀土元素时，科学家所面临的挑战是这些元素拥有相似的原子组态，很难辨认和分离原子间的化学键。科学家必须通过缓慢的化学过程和加热过程剔除已知的元素，分离出目标元素，这样一步步地分离出所有的元素。今天，Silmet的员工也使用同样的步骤将稀土元素分离出来。

历史上，Silmet曾分离了世界稀土产量的3%，加起来每年约有几千吨。而这3%就是21世纪前几年在中国以外生产的稀土元素仅有的实质产量。尽管拥有特殊的市场地位，在中国开始以越来越低的价格出产稀土的情况下，Silmet也面临着经济上的困境。

自苏联时期起，Silmet的砖制建筑厂区就没有改变。人们头顶的管道从一座建筑延伸至另一座，就像摩里茨·科奈里斯·埃舍尔的画作中那样。许多管道的表面已锈蚀，还有些管道外面包着的绝缘材料脱落了。我还以为它们早已完成了它们的使命，但我的向导，Silmet的CEO大卫·奥布洛克（David O'Brock）告诉我它们仍在使用，如果它们不能用了，他就会将之溶解废弃。

参观的第一站是一间空旷且巨大的控制室，方形的灰色控制面板成行排列，上面布满了不再点亮的指示灯和不再按下的开关。控制室中央是一张四四方方的办公桌，操作员座位的前方和两侧有着更多的开关和按钮。公司一度想将之拆除，但怀旧之心使其维持着荒废状态。它让奥布洛克想起肖恩·康纳利时代的《007》和《王牌大贱谍》系列电影。他留下它是为了提醒公司不要忘本。

几十年来，社会主义制度为 Silmet 的生产而不是销售提供奖励，因为公司的产品有个直接的买家——国家。公司生产这些金属，却不知道它们是用来做什么的。奥布洛克则需要发现这些材料的用途并找到买家。

奥布洛克并不像是一个苏联秘密工厂的老板。他在俄亥俄的一个农场长大，随便玩玩似的于 1994 年来到爱沙尼亚学习。他现在有一个妻子和两个孩子，能说一口完美的俄语和爱沙尼亚语。他说，公司雇他是为了让他帮助 Silmet 打下坚实的财务基础。

在就职的 1999 年，奥布洛克很快就找到了新客户，然后在 2011 年将 Silmet 的销售交由美国的莫利矿业（Molycorp）代理。见面时，我立刻就明白了为何客户都喜欢他：他易于相处，谈及公司的时候有一种孩子气的热情。

参观完废弃的控制室，奥布洛克带我进到 Silmet 最大的几座红砖建筑中的一座。我们在七层停住了。出现在我面前的是一座大型钢管的迷宫：管道上上下下，下面是一排排不锈钢的矩形容器,其大小与水泥地外几英尺的金属脚手架上的那些巨大的垃圾箱相类。这300个容器中的每一个都印有红色的数字,从中伸出的焊接管将之与下一个箱子连接起来。

奥布洛克对我解释,每个箱子(称"萃取器")中都是稀土元素和酸的混合物。由于所有稀土元素的质量都略有不同,它们会在萃取器内分层。萃取器会分层过滤其中的液体,尽可能地收集想要的元素。因为单个萃取器的功效不是很强,所以仅是分离前两种含量最大、最便宜稀土元素——铈和镧,Silmet 就得对这些混合物进行300次加工。

之后,这一过程将另外进行300次以分离出 Silmet 出售的另两种元素——镨和钕。似乎很明显,Silmet 只能生产它所获得的精矿中的那些元素。但因为对这些元素的需求不完全等于它们在地下的分布,所以有些元素供应过多,而其他元素则供应不足。像 Silmet 这样的加工厂不能只分离那些高价的元素,因为元素的分离必须按照规定的顺序来进行。如此,就更加剧了供求的不匹配。

正如我们所看到的,莫利矿业面临着中国之外的稀土生产商都会面临的问题:公司大约80%的稀土储备是价值低的铈和镧,只有先将它们分离出来才能生产出更有价值的元素。此外,莫利矿业的 Silmet 冶炼厂只能生产一系列被称为"轻"稀土的元素。所谓"轻",指的是它们的原子序数较低,可能也指它们能带来的钱少。其他稀土元素——"重稀土",更有价值且产量极小,几乎所有都产自具有地质优势的中国南部。

为高科技、环保和国防产业不断增长的需求供给高等级的材料，是一项昂贵且颇具挑战性的任务。实际上，锡拉迈埃没有能力生产最高等级的稀土材料。其提纯程序尽管对大多数材料来说已经很好了，但却不足以分离和生产出市场需要的高纯度轻稀土。那项技术掌握在中国手中。

加工 Silmet 生产的稀土粉末需要约两周，而许多稀有金属需要更长时间的加工。生产锂——一种泡在盐水中的软金属，因其在电池中的使用而被消费者熟知——常常需要 12 到 24 个月。

有些稀有金属甚至不能直接通过加工出土的矿石生产出来：锗就源自煤灰残渣。科学家正致力于寻找新方法，将金属从那些元素含量极低的希望渺茫的来源——比如废水，甚至是从汽车尾气中吸收钯的路边植物——中提取出来。

地质学家说："矿石品位为王。"也就是说，矿床的金属含量越高，矿井的经济收益就越好。这对金和铜来说是通常正确的，因为矿石中金属含量越丰富，生产成本最高的磨矿和加工过程就越短。但仅关注矿石的金属含量并无益于理解稀有金属矿床的经济效益和加工的重要性。要理解这些课题，就必须观察生产的效率和成本。

从挖出矿石到将之转化为金属，矿产公司在精炼的每一步都会损失一部分材料。矿物的损失甚至在开采之前就已经发生了，因为工程师不能设计出成本效益高的矿区平面图,让挖掘设备触及矿床的每一个角落。接下来的几步——压碎矿石,将其放入酸中转化为浓缩物——牺牲掉更多的珍贵材料,在混合物中将稀有金属与其他金属分离开来也是如此。

了解如何止损颇具启发意义。弗兰提尔稀土公司(Frontier Rare Earth)计划在南非的稀土矿山 Zandkopsdrift 开采2000万吨矿。那是一座尘土飞扬、寸草不生的山丘,坐落在一个土橘色的起伏的平原上。不过,按照矿石转化为稀土材料的比率,也就是矿床中稀土的含量为3%,公司估测能获得的稀土材料只有62万吨。与某些矿山相比,这是个低品位矿床,尽管它含有很多高价金属。

我们也不能假设公司真的可以卖出所有这62万吨金属。弗兰提尔在开采时会失掉10%的稀土,在浓缩为精矿时会失掉24%,在分离并制成稀土粉末时又会损失10%~12%。加工到最后只能得到37.7万吨稀土粉末——只占矿区土壤中稀土元素总量的60%。

即便面对这些难题,一些低品位的稀土矿床恰恰就是最能盈利的。在中国的南部省份江西,稀土矿石的品位相当低——矿石中的稀土含量只有不到0.2%,相较之下在莫利矿业的帕斯山(Mountain Pass)矿区(美国唯一一座生产稀土的矿山),这一比例为8.2%。江西稀土之所以能够盈利,是因为当地的土壤为脆性黏土,几百万年来暴露在湿热的气候下。该种气候破坏了矿床,使之与周围的黏土松垮地黏合在一起。结果就形成了易于挖掘的颗粒极细的矿床。更重要的是，矿石的加工成本很低。当地只需将土壤从山侧挖出，放入酸中并加热，即可生产出稀土精矿。加之环保法律一向松弛，当地并不需要在环保上投入太多。稀土的加工过程是如此简单，当地的农民在农闲之时就可以靠它赚取不错的兼职收入。

在中国北部接近蒙古国的地方，坐落着包头的白云鄂博矿区——世界上最大的稀土矿区。其矿石的稀土含量只有6%。尽管品位相对较低，它们仍旧是世界上生产成本最低的稀土矿石。白云鄂博的大多数稀土都与莫利矿业的矿井一样来自同一种矿石。不过中国生产稀土的成本更低，因为白云鄂博并不只是一个稀土矿区。它是一个有着非常盈利的稀土业务的铁矿产地。由于白云鄂博在挖掘和加工矿石的过程中分离出了铁，加工稀土的成本就只有其他地方的一半。

实际上，稀土与大多数稀有金属一样，常常是基础金属开采的副产品。例如，加工铝、锌会得到镓；镍、铜的矿床中也产出钴；锌中混有铟。仅在铜中就混有约十几种微量金属。矿床中含有副产品看上去似乎是为公司的基础产品线锦上添花，但实际上很多公司不会为这样的发现欢呼。相反，这些稀有金属惹人生厌，是必须清除的杂质，会增加冶炼成本、浪费有价值的元素。

2011年，冶炼厂只加工了585吨碲——一种以罗马神话大地女神特鲁斯为名的元素。产量之所以有限，部分是因为它不易获得：它在地壳中的含量仅为金的四分之一。现在几乎所有的碲供给都源于铜废料，这也产生了一个经济问题。因为作为副产品的金属并不能被直接开采，它们并不能灵活地回应市场的需求。除非公司拥有易得的含碲铜废料供给，更高的碲价并不总能让铜开采者有足够的动力去生产更多的碲。它的价值常常不够高。

"矿石中铜的价值是硒和碲的几倍。"澳大利亚皇后大学的冶金专家约翰·皮西（John Peacey）按照时价估算道。实际上，一项美国国家可再生能源实验室（NREL）和科罗拉多矿业大学的联合研究发现，从21世纪头几年开始的10年间，碲的价格增长了10倍，而附属于铜业的碲产量停滞不前。作者指出，碲供给，特别是在短期和中期，并不受碲而是受铜需求的影响，因为矿井中铜矿的价值是碲价值的几千倍。

该种元素只有在加工高品位的铜矿时才能获得——而且越来越有限，因为铜矿的品位在下降。改变低品位铜矿的精炼系统以最大化碲产量，就意味着建立一个全新的、以牺牲铜产量为代价的加工系统。这种事开采公司绝对不会考虑：碲能赚的钱很少，因为市场很小——2012年生产出的几百吨碲，其市场价值只有大约1亿美元，而1700吨的铜，市场价值高达1360亿美元。

此外，从次级来源中获取稀有金属的效率很低。举例来看，主金属锌中的铟，只有20%能被获取，因为在精炼锌的每个阶段铟都会流失，况且人们缺乏动力尽可能多地获取铟。美国国家可再生能源实验室的研究者们发现，副产品生产的这种特殊性，使得铟和碲等元素的供给对价格增长的反应是阶梯式的，而不是像石油和煤炭等商品那样直线增长。价格需要跨越一定的阈值才能鼓励引入新的、更昂贵的生产方式。

比如说，该项研究估计，如果铟的价格为每千克300美元，现有的冶炼厂为了获利会生产1800～2900吨铟，也就是说，价格的小幅增长可诱使一些厂商生产更多。然而，如果铟的价格跃升至每千克600美元，厂商也只会生产3000吨，因为他们需要为加工投入更多的资本。研究者们还总结说，增加的产量至少在五年内不会投入市场，这就意味着如果使用铟的太阳能电池板或平板显示器需求骤增，供给就会被摊薄。

一月初的下午，在西斜的冬日阳光的照射下，我们走过这座破败的苏联工厂。奥布洛克告诉我运营三条不同的稀有金属生产线——稀土粉末钽，还有铌——是如何帮助Silmet在后苏联时期存活下来的。其产品的多样性保证了总有一种金属的价格高到可以补贴其他金属的生产。

苏联厂区中严肃的面庞迥异于巴西铌矿小镇阿拉夏中的一张张笑脸。尽管两地地理和文化不同，被冰雪覆盖的锡拉迈埃和巴西绿色的山丘都是铌生产线上的两站。奥布洛克生产稀有金属所用的碎矿源自巴西，与铌巨头CBMM的矿井位于同一地区。

CBMM以其低成本满足了世界85%的铌需求，它有能力挤压Silmet这样的生产者。不过Silmet已经找到了有利可图的小市场。这家爱沙尼亚精炼厂将少量特定的高品位铌金属出售给大学和小制造商，而不是那些巨型跨国公司。Silmet 的金属找到自己的方式进入到核磁共振成像仪器、电视，甚至欧洲核子研究中心（CERN）大型强子对撞机上控制质子流的电磁体中。大型强子对撞机是世界上最强大的粒子加速器，位于瑞士。

奥布洛克不愿展示铌的最初加工过程。他为该设施的安全性感到自豪，不过他说这座建筑仍旧危险，因为加工过程中会产生许多挥发性粉尘。他提到，2009 年巴西一家竞争对手的工厂因操作失误而发生了火灾。

作为补偿，奥布洛克带我进入另一处设施，那里的钢铁支架上放有许多闪亮的两米长的金属块。Silmet 将 94% 的铌矿粉末与 6% 的铝混合起来为后续的提纯做准备。稀土常常需要用混合酸来加工，同样，高品位的铌也需要大量的混合酸并加热。

工人会在熔炉长长的蓝色管道上滑动铌铝金属块，从中发出的白色电子束会将金属块加热到 2300 摄氏度（4172 华氏度）。该温度几乎能使一切蒸发，除了铌。此时，铌化为液体，收集在熔炉底部。

生产高纯度的金属成本很高，因为冗长的加工过程需要交替使用高温和酸。不只是设备要花费几千万美元，在如此高温下作业还需要巨量的电。尽管奥布洛克的员工已竭尽全力，但杂质仍存于各处——酸、熔炉甚至空气中。不受欢迎的元素如氧常常会混入最终产品，破坏大家为生产高质量、高价位、客户需要的材料所做出的努力。

在整个行程中，我一直在为 Silmet 设备的老旧感到吃惊。比如那座炼铌的熔炉，它配有一个苏联时期的控制面板，类似于雅达利（Atalri）的游戏系统。尽管设备老旧，奥布洛克还夸口说他的冶金专家能比那些使用新设备的公司更稳定地生产出高质量的材料。

稀土大国中国的江西省距锡拉迈埃有 7200 公里之遥，而这个星球上的其他加工点还要更远。当我走近一处坐落在山丘下坡的混凝土驻扎点的入口时，一阵含酸的热气扑面而来，压倒了已超过 90 华氏度（约 32.2 摄氏度）的夏日湿热。进入大门，我看到一个由粗树枝搭建的矩形框架，上面是一个锡制屋顶。该座建筑的墙由泥土制成，像是非洲一个贫穷村庄的教堂。屋内横排安放着 10 个小熔炉，熔炉上方的孔洞中冒着灼热的橘黄色气泡。每个熔炉的后面都有一张薄纸挂在钩子上，上面的红色字母 HO（钬）或 DY（镝）指示着在其中沸腾的金属。

这座稀土冶炼厂坐落在距离矿井不远的山里，几乎所有的工人都身着浅银黄色的裤子以及相似颜色的拉链上衣，有些人将拉链拉起。大多数工人带有面具，不过不是那种防毒的，而是牙医佩戴的用以阻挡飞溅的液体的那种。那些没戴面具的工人嘴里都叼着香烟。因为手中忙碌——用锤子击打金属或将浇包中的金属倒入咖啡杯大小的坩埚中再放入熔炉，他们并不能真的吸烟。他们几乎没有注意到我这个外国来访者。

房间内通风很差，热气和烟气很难散去，人在里面也很难感受到自然的凉风。从墙的顶端向下有一个长长的通风罩悬于熔炉上方3米处。对我来说，它不过是个聊胜于无的工具，并不能真的让空气保持清洁。如果说Silmet是"低端的技术"，这里就是"老旧的技术"。

但尽管技术并不成熟，这个江西的冶炼厂与附近的其他冶炼厂一起为世界最高科技的应用提供原材料。我口袋里的智能手机有一部分就源于某个我正盯着的坩埚。当我试着理解这些小部件的DNA时，我的嗓子和鼻子开始灼痛。我的日本同事告诉我这是氟气的缘故。身处在氟气中会严重损害眼睛、皮肤和呼吸系统，在某些情况下甚至还会失去生命。

我们迅速离开了这座建筑，去拜访附近其他的冶炼厂，它们有些拥有更大容量的熔炉，旁边的混凝土空地也更大。负责人告诉我，他正要添置更多的加工设备以提高公司的生产能力。这些建筑就像我刚刚看到的那些一样古老，他要求我不要照相。

距离金属冶炼厂仅十来公里处坐落着一座稀土分离设施，与我在锡拉迈埃看到的类似，不过这里的设备更新，被安置在一个锡制屋顶的仓库里。最让我惊讶的并不是设备本身，而是设备的闲置。中国拥有过剩的冶炼产能，同时政府也在打击非法开采，这减少了投入到加工中的稀土矿。中国过剩的产能，正是2013年稀土产业的达摩克利斯之剑。

意欲与中国竞争的初创稀土开采公司必须意识到，就算他们可以筹集几亿美元建立新设施，中国的厂商随时都能开启停工的生产线、降低世界市场价格，让他们难以回本。这些新建的开采公司可以买到一切先进的技术，但如果不能与中国较低的运营成本竞争，也并没有什么用。中国关停非法厂商的原因很多——确保这些公司能遵守环保和劳动安全法规，减少供给以提高稀有金属价格等。经过加工点时，我看到一座被削去了一部分的山丘，山前有着开阔的棕色空地紧邻着当前的厂区。负责人告诉我他计划将产能扩大一倍，因此需要更多的空间。

尽管将矿产转化为金属很重要，但有实践经验的地质学家和冶金专家越来越少，尤其是在西方。美国开采业劳工的平均年龄接近50岁，他们中的大多数在10～15年后就会退休。类似地，在加拿大，根据行业数据推测，2020年会有近6万名员工退休，整个行业还需要10万新员工补充进来。阿瓦隆稀有金属公司花了两年才找到冶金副总裁，在此期间，这家公司仅凭两个冶金专家——一个70多岁，一个80多岁——为业务提供支持。

"所有的孩子都是地质学家，"米娅·波利迪（Mia Boiridy）说，"在某段年龄，他们都会把石头带回家。"作为加拿大教育机构Science North的动态地球项目的负责人，波利迪教孩子们身边的金属知识。在长大成人的过程中，大多数孩子都会失去对石头的兴趣。生活节奏加快，人们向下看的时间变少，向前看的时间变多。"真正实践这门艺术的人很有限，"科罗拉多矿业大学的冶金教授科比·安德森（Corby Anderson）哀叹道，他自己就是一个开采业世家的第三代传人。

即便是在有着很强采矿业传统的国家如澳大利亚和加拿大，有知识的工业人员也很短缺，这说明西方国家本土矿业的发展缓慢，而且越来越依赖于中国、俄罗斯、巴西工程师开发出的矿井。这也意味着西方新生的指导者越来越少，而指导者对年轻科学家发展自身专业技能、获取关键信息来说非常重要。

麦吉尔大学开采与材料学院的主席史蒂夫·岳（Steve Yue）指出，冶金对年轻学生的吸引力越来越弱，招聘新教授也很困难。招生的困难再加上工程和冶金更多地是经验而非科学，生产稀土资源的瓶颈与其说在于地质和经济，不如说在于人才，在西方更是如此。科比·安德森相信，训练有素的开采工程师和冶金专家的短缺会影响我们未来制造材料的能力。

不过，安德森他们也在努力。安德森的儿子西兰就在距他仅几个房间的地方工作。西兰小时候就在铜矿中铲土，很快，他发现自己更愿意设计矿井而不是挖掘。他是个成长中的湿法冶金专家——使用液体介质加热分离金属的化学家。他告诉我，他是西方大学未来五年培养出的少数湿法冶金博士中的一个，也就是说他在找工作时面临的竞争很少。

问题是冶金艺术受到了忽视，即便是在以矿业为名的科罗拉多矿业大学。校园的样板建筑是为石油工程建造的，与矿石无关。该校的捐赠名单显示，康菲石油公司、阿美拉达赫斯公司、斯伦贝谢公司捐赠了至少 100 万美元来保证这座最先进的建筑安装了平面显示器、会议室的防护玻璃后都摆上了亚洲小花瓶。这座建筑中到处都有这些公司的名字：哈利伯顿和赫斯共同赞助的教室、马拉松石油出资的储油层研究中心。

穿过校园，我们来到了一座毫无特色的米黄色砖制建筑，那就是该校的冶金学院——西兰和他的父亲工作的地方。实际上它是一大堆建筑的组合。办公室十分昏暗，甚至正午也是如此，不过它还是比老化的附属建筑物质量好些，那里的日光灯嗡嗡作响，涂层厚重的格子窗已被替换为节能材料。

西兰是幸运的：他在这个国家唯一拥有稀土专业的矿业院校学习。

生产满足世界需求的稀有金属，安德森的后代和同仁需要更多的支持。这个世界需要大批的冶金学家以揭开从矿石中提取元素的秘密，这些矿石不仅限于我们现在所开采的。

Silmet 所做的工作令人钦佩，但我认为该升级了——不仅是更新设备，还要更新思想。由受过教育的熟练工人设计加工过程，这样的创新能够为市场带来更多的材料，价格也更低，这比简单地寻找新矿床所能做到的更好。金属的新来源——不管是新矿床还是旧有的开采废料，甚至是废水——都有助于减轻世界对有限几处已发掘的矿床的依赖。

然而政策制定者、科研机构甚至是投资者常常忽视加工方面的挑战，就好像公司想提高产量，需要的就只有矿石本身。Silmet 要想延续其自苏联开始的冶金传统，就得找到更有效率的途径来加工稀有金属。对奥布洛克来说幸运的是,他知道他的产品拥有买家。但他始终不知道这些稀有金属最终会流向哪里,因为贸易网络仅是连接加工者和产品的隐秘链条。

第 5 章
全球贸易网络

走私者和供应难题

"你已经拜访过超级马里奥了吗？"一家日本商行的研究部门主管问我。他告诉我，任天堂电视游戏中著名意大利水管工超级马里奥，也是日本稀土金属的主要供应者中村繁夫的外号。他是日本产业的无名英雄之一；正是他为这个国家的高科技产业带来了稀土元素——为相机抛光玻璃，为平面屏幕提供磷光体。他是Silmet这样的加工商和日本高科技制造商之间的关键连接人。中村同时也属于一个联系紧密的小圈子（几乎所有的商人都是男性），圈子里的人仅通过交易铟、铌这样的金属就赚得盆满钵满。

大多数日本大型商行如三井、丸红、住友都避开了稀有金属。在供应几百万吨基本金属的同时供应几吨钕或是几百公斤钽，对商行来说是件麻烦事，况且也不盈利。这就为超级马里奥／中村繁夫留下了空间。他把自己的公司日本高阶材料（Advanced Materials Japan）建设成为术业有专攻的金属商行——这个国家稀土元素供应商的领头羊。它是由众多小而专的贸易公司组成的网络中的一部分,它们构成了全球稀有金属市场的主干。

中村的这个外号来源于他那黑白夹杂的浓密胡须,就像超级马里奥一样。中村也是个凭本事吃饭的能人,一大堆漫画书将他为日本输送资源的成就浪漫化了——日本业界的大佬,全国50%的稀有金属都从他这里进口。

日本高阶材料的大多数产品都来源于中国南部的丘陵以及内蒙古的草原。但有些贸易商不问来源,能搞到金属就行,例如从越南找到货源,而这些货源有可能是从中国走私出去的。许多客户并不真想知道这些金属源自何地,他们只想得到稳定且划算的资源来满足他们的特殊需求。这种放任的态度为贸易商钻法律的空子留出了余地。

从矿井到手提电脑,稀有金属在不为人知的贸易商—加工商—元件制造商网络中运动。贸易商不只是买卖稀有金属的中间人,他们还规范行业信息,并在暗中操纵整个稀有金属供应网络。

尽管个人关系、来源可靠性以及产品质量确实也被看重,但价格才是最终决定交易的因素。稀有金属市场本就不够透明,再加之矿井和加工商数量有限,这就使得资源供应链脆弱、价格不稳。没有人真正知道这些市场的真实规模。即便是追踪每种金属市场规模的美国地质调查局,对某些稀有金属的市场状况也只能靠猜测。透明性的缺乏加大了市场的波动,令谣言和传闻在数据和分析的缺席之处传播。

此外，大多数关键材料必须满足特定的生产标准，它们更类似于使用它们的产品（如微处理器），而不是铜或铁之类的原材料。与那些在交易所中按照标准数量交易的商品不同，稀有金属是私下交易，常常数量很少，品位也因特定的终端用途而有所差异。稀有金属的交易系统可谓古老，它现在还在使用商品交易所出现之前人们所使用的交易方式。

在法律执行力弱的地区，稀有金属的走私横行泛滥，有时甚至会引发冲突。在供应链的薄弱环节，市场会失灵，价格或直冲云霄或坠入谷底。稀有金属贸易商控制不透明的市场的能力，为诺亚·雷尔曼（Noah Lehrmann）这样的贸易商提供了生存空间。

诺亚·雷尔曼以一个华尔街分析师的熟练和自信谈及中国的经济改革。他的胡子散乱棕黄，头发垂过耳边，他似乎是历史上唯一一个既在安息日面包蓝调音乐节上表演又为美国国会提供资源安全建议的人。雷尔曼出身于金属贸易世家，也是中村参与的那个金属贸易小圈子的成员，在那里良好的人际关系就意味着稳定的生意。

雷尔曼也是小金属贸易协会（MMTA，稀土贸易商的主要组织）的美国代表。40年前正是稀有金属时代曙光初露之时，那时计算器还是最好的手持电子设备，一群年轻的金属贸易商开始出售冶炼厂的废弃金属。他们将其卖给科学家和电子公司，仅仅是为了替生产商额外赚点小钱。他们联合在一起组建了小金属贸易协会。该协会的现任执行董事玛丽亚·考克斯（Maria Cox）告诉我，就像其他类似的专业组织那样，该协会起初是为创造机会让朋友们也能分一杯羹，而现在，它已经成为贸易商的主要组织，在全球拥有140个成员公司。

雷尔曼的办公室有种家的感觉，尽管它在一座距离纽约中央车站不远的大楼的第18层。墙上挂满了美式设备，木质书柜上放着一块金属和几架作起飞状的飞机模型，其中包括一架英国航空公司的协和式客机，其最近的一次飞行也已经是十几年前（2003）了。它们不仅展示了公司的客户，也暗示了公司开展业务的时间。办公室的主人已经在这里工作了20年。

"在冷战最紧张的时期，我父亲曾邀请中国人和苏联人过来吃饭。"雷尔曼告诉我。他的父亲丹尼生于玻利维亚，父亲是德籍匈牙利人，母亲是法国人。他在为叔父做生意时打开了全球稀有金属市场。20世纪70年代末，他冒险去了中国和苏联，成为第一个从这些国家进口铬的人。在叔父的公司中成功地积累了多年后，丹尼成立了自己的公司，哈德森金属（Hudson Metal）。

与日本的中村一样，雷尔曼一家将中国的钨供应商、俄罗斯的钛供应商与制造飞机引擎和医疗器械的公司连接起来。由于业务重点在亚洲，诺亚的大多数工作需要他在午夜之后与中国的供应商用中文打电话。不过你能感觉到，就算不打这些深夜电话，他也会时刻保持清醒。

每几个月诺亚都要深入中国，到那些很少有外国人去的遥远城市访问。一个中国家庭——他们知道诺亚遵守犹太教规，但并不真的知道这意味着什么——用一组为他特殊准备的锅给他做饭。维持这样的关系对一个凭借信誉来获取高品质金属的商人来说十分重要。

我谈到江西高科技加工设备的短缺，他向我保证，这些设备在技术上是恰当的：没必要用最时髦的设备来加热和粉碎矿石。与 Silmet 的 CEO 大卫·奥布洛克一样，雷尔曼更信任大量生产这些金属的工人而不是最新的工具。他们都相信，冶金从业者能够理解那个高度机械化的设备所不能理解的加工过程。对雷尔曼家来说，重要的是有能力坚持供应高质量的金属。

"我们 100% 会按照客户的具体要求来供应。"丹尼·雷尔曼告诉我。其他商品如石油的贸易商，他们只需坐在电脑屏幕后匿名地在交易所交易成桶的同质石油，而丹尼则需要满足客户不断增长的具体需求。他不能简单地以标准的品位交易金属，他需要满足客户提出的质量要求。一批不达标的金属会毁掉他们之间的关系，这不是他所能承担的风险。维护与供应商的长期关系并进行抽查，可以降低将一批不达标的金属交付给客户的风险。正如一句罗纳德·里根曾引用的俄罗斯格言所说："信任但需要证实。"

基础金属和石油那样的商品会在交易所进行交易，价格和成交量清晰透明，与之不同，大多数稀有金属都没有被普遍接受的基准价格。许多稀有金属如铌的市场被少数生产商主导，他们将数据握在自己手中，因此要掌握幕后交易的真实价格十分困难。

雷尔曼一家掌握了有关他们出售的材料的最新价格和生产趋势的确切信息。

行业数据公司金属黄页（Metal-Pages）在其网站上列出了该行业最恰当的价格，不过这有赖于卖家和买家无私地透露他们的价格。听起来这个过程容易被操纵，的确如此。既然全球的银行会为了自身的利益对非法操纵黄金不闻不问，并随意地对待伦敦银行同业拆借利率（LIBOR，各银行之间互相借款的利率，它是几百万亿贷款和证券的基础），那么不难想象，位于伦敦或广州的贸易商也会为了自身的利益有意谎报价格。

尽管私下交易存在诸多问题，市场的不透明性还是会令许多贸易商感到高兴，一位小金属贸易协会的成员这样说。这种不透明性为他们提供了盈利的空间。不像市场中的其他人只是买和卖，贸易商们知道这个市场的真实价格和交易信息。同时，因为与买家和卖家都有私人关系，他们能够更容易地以低价买入、持有，并以高价卖出。小金属贸易协会的成员们了解这些优点，因此在2009年拒绝了与伦敦金属交易所合作建立"线上价格发现系统"的提议——有60%的人投了反对票。

大家不情愿改变生意的性质，一个小金属贸易协会的成员评论道。交易所允许制造商通过对冲降低风险——主要是以一个固定的价格购买未来一定数量的商品，称为"远期"。但与此同时，交易所会破坏终端客户与保障供应可靠的贸易商之间的私人关系，这种关系可帮助客户得到长期安全的资源供应，这要比通过对冲省下5%重要得多。雷尔曼为客户提供安全的供应和商场咨询。这就是他们将自己视为商人而不是贸易商的部分原因——贸易商一词太过轻蔑了。

即便按照之前做过锑贸易商、现就职于金属黄页通讯社的奈杰尔·图纳（Nigel Tunna）的说法，大约有四分之三的贸易签定的是长期合同，丹尼·雷尔曼还是告诉他的客户市场变幻莫测。丹尼认为，交易双方越来越偏好长期交易——五年或是更长。"他们现在想要锁定价格。"他说。他们无力应对供应链的变化，因此愿意为了稳定牺牲价格。

由于许多稀有金属都有价格上涨的趋势，一些外部投资者试图在这个市场分一杯羹。要购买这些金属并不难，因为他们很容易就能在阿里巴巴上买到它们。困难在于出售——这需要关系。波音公司并不想随便从一个投资者那里购买几公斤或是几磅钛合金。想要参与进来的不只是个人投资者，还有布朗兄弟哈里曼（Brown Brothers Harriman）这样的银行，它们已加入小金属贸易协会并试图找到与贸易商合作的方法。不过没人能像中国交易所那样通过改变稀有金属的交易方式成功地赚到钱。

2012年，香港交易及结算所买下了伦敦金属交易所——世界主要的金属交易所，它为基础金属以及稀有金属钴和钼的买卖提供了一个论坛。摩根士丹利的银行家们总结了市场情绪后认为这笔22亿美金的交易"极其昂贵"。港交所的出价是该交易所净收益的180倍。作为参照，此前最贵的交易是2007年芝加哥商品交易所（CME）买下芝加哥期货交易所（CBOT），其交易额是净收入的66倍。

新买家指出，交易所移往香港是因为那里距中国大陆很近，可以吸引来自大陆的新贸易商。他们的论点是，从长期看更多的中国贸易商会为交易所带来比原来多得多的利润。要检验新交易所的亚洲商业模式尚需时日。截至2014年，效果称不上好。不过，盈利性可能并不是所有者的唯一目标。

经营一家交易所时，你会了解很多市场信息，如交易价格和交易量。一个精明的数据分析师能够知道得更多：交易类型、位置和时间。

我的电子邮件垃圾箱内，除了有来自基督徒相亲网（Christianmingle.com）和兜售反向抵押贷款的金融公司的邮件，还有来自中国金属加工公司的邮件。发件人——Della或Alice，通常为常见的英文名，很少附有姓氏——根本不考虑适当的段间距、正确的句子结构以及大写规则。一个发件人甚至忘记了她的化名：电子邮件来自Alice，但第一行又写道："你好，我是Candice。"

这些邮件十分类似：他们使用相同的销售策略，夸口能即时提供廉价的稀土材料或其他稀有金属产品。他们在寻找需要稀土材料的外国客户。这就是稀有金属生产者和商品贸易巨头如嘉能可（Glencore）的不同之处。这些巨头不会向潜在的客户群发邮件。

20世纪80年代及90年代初，中国政府积极开发国家资源，以满足不断增长的国内需求。但产能的增长甫一超过需求，资源就开始流向国际市场。于是国家立刻出台出口配额、出口税和最低限价等政策对出口加以限制。价格差由此产生：矿产的国内价格更低而国际价格更高，这就为非法贸易提供了可观的利润空间。政府严打走私以减少稀土的非法贸易，但效果是多方面的。

例如，中国官方估计，2011年贸易商非法运出的稀土要比合法运出的多20%。而且这些违规操作的贸易商还在继续积极寻找新客户。向我群发邮件的公司，似乎没有几家拥有政府配额体系下的出口许可。但我在贸易展会上遇到的一位女士用行话向我保证："我们有配额。"

在稀土行业，走私早已司空见惯。实际上，许多稀有金属——从防火产品中的关键元素锑，到前面提过的电视机平面屏幕中的铟——都有规避国家生产和出口管制的历史。这些走私的资源有时非常常见，乃至一些行业杂志会提到它们的价格。

非法开采的稀有金属并不易辨认。比如在越南的仓库，它们与合法开采并加工的金属放在一起，真伪难辨。实际上，从中国走私的稀土在越南是合法的，不像象牙，它几乎在所有的地方都是非法的。在国内它们被禁止，而在国外它们则被鼓励。

有多种方式可规避出口管制。非法的资源离境后先前往香港和越南，之后再被运往各处。贸易商告诉我，有时公司会在舱单上将稀土粉末列为滑石粉或其他材料，客户接受时，又在海关报表上将其改写为铈粉。出口和进口数据对不上的主要原因就是走私，它使理解材料的流动成为一种挑战。

"我知道我的客户一直在购买那些'从卡车上掉下来'的东西，或是通过越南，或是通过在出入境时申报不同的项目。"爱沙尼亚稀土加工商大卫·奥布洛克说道，他指的是走私者通过谎报材料来逃避管制。他说材料的流动是稳定的。他指着他工厂中稀土氧化物的白色粉末说："这可能是奶粉。"

中国已降低了几种金属包括铟的出口税，从2009年的15%降低到了2014年的2%，这是国家减少走私的策略之一。正如一个贸易商评论的那样："这是一个好消息，它降低了出口成本，缩小了我们与走私者的价格差。"

"我是一个投资人。"一个倒卖非法开采出的矿产的贸易商尤迪告诉我，当时我们在邦加槟港的一个咖啡厅喝咖啡。邦加槟港是印度尼西亚邦加岛上的城镇，我们前文提到的开采者多米就在这个岛上开采锡矿。尤迪（同样也是个化名），二十八九岁，身穿黑白格子衬衫。他左手小指的指甲很长，这在当地是财富的标志。他有着超出其年龄的自信。

"我三年前入行时，每周能赚3000万卢比（3000美元）。"他一边摇晃穿着巴宝莉鞋的脚，一边斟酌用词。"竞争越来越激烈，所以我现在差不多要一个月才能赚这么多钱。"每月3000美元的收入相对于他入行前兼职做旅游代理的150美元来说,是笔巨款了。在这个国家——2.5亿人中有1亿人生活标准在每日2美元以下——他已经算做得很好的了。

他的工作很简单:雇人从非法开采者那里购买锡石,并将之贩卖给当地的冶炼厂。锡石是锡的主要来源,其他金属的次要来源。有许多人和尤迪一样,还有一些人在贩卖独居石。与锡矿石不同,独居石不能在本岛精炼,所以拥有国际关系就很重要。一个公开的秘密是,邦加的一些矿石中含有稀土(东南亚其他地区的一些材料也一样),它们绕开印度尼西亚禁止出口未经精炼的矿产的相关法律,以各种途径运抵中国,通常是通过新加坡。

非法贸易的风险很大。尤迪告诉我,工作周开始时,首都雅加达或是其他地方的投资人会给他10万美元。(尤迪认为他们中有很多是电商。)然后他用这笔钱从开采者和贸易商手中购买锡石,再在一周内将这些矿石卖给当地的加工商。他说,通常他能够赚取10%的收益,在周末返还给投资人11万美元。"投资人并不关心我如何获取矿石,我只需在7天内交付即可。"他告诉我。尤迪和投资人之间没有合同,交易建立在信任以及邦加十分有限的商品量的基础上。尤迪小心翼翼,因为他已经被一些有势力的人盯上了。

尤迪采取诸多方式降低风险:从不持有现金,并确保在情况有变时有警察相助。他会向邻居以及与其有商务往来的人打听潜在矿产分包商的背景，这些分包商负责从个体开采者那里购入锡。"黄毛小儿才会把钱交给随便什么人，可我需要找到真正懂锡的人。"他向我这样解释拥有懂行的分包商是多么重要。与他的投资人不同，他需要和分包商签订合同。他也会用"香烟钱"来打点新来的警察，级别越高的给得越多，通常通过银行转账或是装入用马尼拉纸制成的信封当面递交。"警察在为我工作。"他吹嘘道。拥有法律上的支持和保护十分重要。曾有一个分包商携款潜逃，而尤迪现在拿到了房契。

尤迪也会花 100 美元左右来打点冶炼厂的专家，以保证他们能对他所贩卖的材料给出合适的品位证明——低品位就意味着收入少。收入的 70% 流入他的腰包，剩下的 30% 用作打点或"缴费"，这一比例与世界上许多地区的公司税惊人地相似。尤迪这样的人（或者说这个市场）所面临的风险实际上在于，如果当局意图严肃处理这类经营，金属价格就会上涨，尤迪就会失业。不过在我于 2013 年访问邦加时，这种情况几乎不可能发生，因为卷入其中的非法贸易数额实在过于巨大。

以西方的标准来看，尤迪赚的钱可能没有多少，但遍布整个岛屿的非法交易网络——约有 30%～40% 的居民都与矿石贸易有关，其中还包括一些重要人物——所赚的钱非常之多。尤迪说，甚至他的朋友们现在也都赚到了足以在印度尼西亚各地投资房地产的钱。略具讽刺意味的是，他认为这个市场已经朽烂了。他已厌倦了与大多数贸易商做生意，因为他们"欺骗"。尤迪希望市场能够有所改变:"我想要透明的市场。"

尽管在非法经营中要求规则似乎很讽刺,他同意大多数行业分析师的观点:如果从业人员知道会发生什么,市场就会更有效率。矿石交给冶炼厂之后的过程十分晦暗,稀有金属的市场更是如此。

锡和其他金属在冶炼之后会产生数量可观的废料或"矿渣",就像橙子榨成汁后余下的核和皮。这些废料也有其价值,不过不是在邦加那些后续精炼能力有限的工厂中,而是在离岸。2010年,丰田集团的贸易负责人声称丰田会买入"矿渣",并有意在邦加建造冶炼厂来加工稀土。现在,印度尼西亚政府正在推进当地的国有锡矿厂生产稀土。

站在资源的角度来看,最令人沮丧的是许多开采者和精炼厂都在浪费稀有金属。因为不是所有的金属都能进入流通领域,不是被开采者丢回矿井,就是被加工者作为精炼锡或其他材料所遗留的矿渣丢弃。有价值的资源被抛诸脑后,其他地区就会对此进行额外加工。非法和效率低下的市场只会开采那些容易交易的资源,剩下的则被浪费,这破坏了整个市场的良性运转。

与邦加采矿业的情况不同,在东非和其他地方,矿石贸易的收入为地区冲突提供了资金。在刚果,民兵买卖含有金、钨、钽、锡的矿石。实际上,2011年世界上大约有四分之一的钽来自刚果的矿井。不过正如罗斯吉尔(Roskill)咨询公司的钽专家帕特里克·斯特拉顿（Patrick Stratton）所言，没人确切地知道钽到底制造了多少冲突。

人们很容易就能追寻到这些矿产的踪迹。它始于浓密的丛林中被掏空的区域，那里的人们在阶梯状的山腰上挖出厚重的淤泥，或者在岩石累累的洞穴外头戴电筒向潮湿的暗穴里敲打。贸易商从刚果西部边境通过自行车或是摇摇晃晃的小汽车将一袋袋矿产运往主要的区域城市如布尼亚。从那里出发，贸易商用卡车把这些材料运往坦桑尼亚、卢旺达和乌干达，再卖给其他贸易商或是直接通过海运交付精炼厂。有了材料，冶炼厂就会立刻着手冶炼，然后卖给下家进一步精炼，或者卖给零件加工商，他们会用这些材料制成特定的合金，最终成为平板屏幕或汽车安全气囊系统的一部分。

"哥伦比亚革命武装力量"从20世纪60年代开始发动叛乱反对政府，被欧盟和美国认定为恐怖组织，他们买卖从亚马孙丛林中的一处国家公园中开采出的钨。这些贸易商需要拖着一袋袋碎石从伊尼里达河溯流而上。水流湍急，所以他们不得不在岸上拉拽那些又长又窄的木船。在丛林中穿行约一个礼拜，"哥武"就会把这些碎石卖给其他贸易商，再由他们把这些袋子用卡车运至波哥大。贸易公司一到波哥大就把这些矿石投放到国际市场，贸易商和加工商会将之冶炼为钨。他们生产的合金或粉末最终会被做成零部件，在宝马、惠普和三星的产品中找到自己的位置。根据彭博新闻2013年的一篇文章，许多贸易商已停止购买这些材料。

然而，直到哥伦比亚政府插手制止这一争议性的行为，这些矿产一直能够找到需要它们的供应商。

外国政府、非营利组织，甚至公司自己都想禁用这些来历不明的材料。他们认为这些矿产践踏了人权，因为它们在为冲突中的武装力量提供资金。不过问题在于供应链太长，企业并不知道它们的资源源于何处。例如，仅飞利浦一家公司就有超过一万家供应商，其中有七家以上最终被剔除。令事情更为复杂的是，大多数公司产品中的元件没有几千种也有几百种。"许多公司并不知道他们是否在助长冲突。"金属市场情报公司金属开采者（MetalMiner）的出版人、冲突区矿产专家丽莎·里斯曼（Lisa Risman）说。确实，甚至苹果公司也说他们没有足够的信息能够完全确定自己所用的材料来自哪个国家。

跟踪商品元件的来源路径比华盛顿或布鲁塞尔官方想象中的要困难许多。"政策制定者误认为公司具有透明性，他们知道产品中的东西源自何处，"麻省理工学院的材料研究专家兰迪·基尔詹（Randy Kirchain）说，"产生这种误解是因为制造业在过去的几十年中改变了很多。"汽车公司曾经自行制造所有元件，而现在则大多选择外包。基尔詹告诉我，福特对车载音响的质量和大小提出了具体要求，但没有指定在影响其功能的微处理器中必须采用何种元素。甚至是 Fairphone 的创始人巴斯·范阿贝尔（Bas van Abel）也不知道其材料的来源，而这家公司特别说明了"仅使用在人道和环境可接受的条件下提取出的材料"。

2011年，美国政府通过法案，强制公司披露产品中所使用的材料是否源自刚果军阀的矿井。欧盟紧随其后在2014年提出一个较为温和的议案。这些法令并不严格，因为没人被禁止使用来自冲突区域的材料，而且欧盟的项目是自愿的。不过大公司不想让顾客认为他们所生产的东西助长了抢劫和谋杀，所以许多跨国公司强制贸易商从别的地方购买材料。

结果刚果生产的矿产价值下降，这些便宜的材料可以进入那些不怎么重视人权的公司。这类公司很多，尤其是在亚洲。对那些服务于收入有限且波动较大的市场的无名品牌来说，人权可能不会排在其采购标准的前列。以这些市场为目标的公司在购入廉价材料时顾忌较少，而且这些材料确实容易获得。一个贸易商告诉我，他收到了报价，可以从乌干达购买大量的锡石，而乌干达并没有明显的开采作业，它与刚果接壤且边境监管松弛。

美国的法规也只是要求公司报告来自冲突区域的新开采金属。于是，越来越多的钽主料被掩人耳目地伪装成钽废料。尽管没有确切的数据证明有多少"废料"以这种方式进入市场，金属开采者的里斯曼估计钽的百分比"大约高达两位数"。

事实上，材料的非法流通一直在扩大。多项报告表明，非法开采为贸易商带来的收益已经超过了在南美洲倒卖毒品所带来的收益。2013年底，智利报纸《水星日报》(*El Mercurio*)报道，秘鲁亚马孙区域内这类贸易的盈利已经比该国毒品交易的盈利多出15%。而且随着矿产价格的增长，来自冲突区域的金属只会增多。

不过对很多供应商来说，使用这些材料的风险是他们最不关心的。

麻省理工学院的供应链专家约西·舍费（Yosi Sheffi）解释说，公司要维持供应链的弹性就必须找许多不同的供应商，而每家供应商同样会依赖一大群自己的供应商。这样做是因为，若有一家缺货其他家就能补上。用图来表示就是用户处在顶端，供应商一层一层排下去，形成一座金字塔：底部大量的矿产公司和元件制造商支撑着东芝这样的计算机生产商。

然而，金字塔的宽大底部和整个供应链的稳定可能只是一相情愿。比如，东芝生产的硬盘、话筒，以及高科技产品中几乎所有的小马达，都需要稀土磁体。东芝有更多途径为生产这种磁体的制造商提供原料，不过那些制造商最终还是会用中国几个省份生产的稀土合金来制造这种磁体。东芝认为其稀土供应链就像一座金字塔，它处于顶端而供应商网络位于其下，但真实的结构可能更像钻石：东芝的供应商，实际上甚至是全球所有的制造商，一直以来都仅依赖于同一个来源——中国。这就意味着，如果材料出现短缺，即便东芝拥有大量的供应商，该公司及其竞争者也无从保障元件的供应，因为他们的供应商都依赖于同一种来源。

为了降低供应方面的风险，保障稀有金属可靠的供应，一些公司直接与矿产公司签订合约。2010年底，波音就与世界上最大的钛生产商 VSMPO-AVISMA 联合，以保障其原料供应。2011

年,东芝与哈萨克斯坦国家原子能公司(Kazatomprom)签订合约,共同建立一家合资企业来生产稀有金属包括稀土和铼。类似地,三菱、大同(Daido)与总部位于美国的稀土开采公司莫利矿业合作生产稀土磁体。合伙出资以保证供应链的安排是一个昂贵的议题。

与此同时,矿产公司也在向下游发展。莫利矿业—大同—三菱的交易扩大了莫利矿业的原有战略,即在开采稀土的基础上生产磁体。这些战略充满风险,因为这些公司正在远离自己的核心竞争力——农民有能力生产西红柿,但这不代表他们有能力开比萨店。许多公司更愿意将这些工作交由贸易商来做。

中村繁夫对这个市场的内幕感到厌倦。他想起之前的稀土价格泡沫并将它们与一年一度的台风季作对比——总有人不可避免地受到冲击。在他做稀有金属买卖的这些年里,他也曾目睹铟价和铼价20倍的攀升。

这种波动令人头疼,也会使通用电气那样的最终用户出现财务问题:2006年的短缺使铼的价格飙升了10倍。对中村和他的贸易商同行来说,价格波动只是工作的一部分——一个可以盈利的部分。"我们希望能出点儿小问题,我们为此而祈祷。"哈德森金属的丹尼·雷尔曼在我回到纽约时告诉我。用户公司对突发短缺的恐惧深入骨髓,所以他们愿意为贸易商提供获取更大的利润空间的机会。

现在中村就看到了机会。"材料革命已经开始了！"他宣称。那些懂得如何把稀有金属送至需要它们的地方的人注定会成功，正如我们所见，世界高科技产业对这些金属的需求急剧增长。

第 6 章
科技推动需求

一切事物的电子化

古巴比伦人喜欢洁净的口腔。他们用磨尖的细枝剔除臼齿缝隙中的牙菌斑和食物残渣。他们的做法尽管原始,但却昭示着牙医学的诞生。16世纪,中国人改进了巴比伦人的细枝,用雕刻过的骨头和竹子绑上猪鬃制造了牙刷。4个世纪后,产品设计者用塑料和尼龙取代了骨头和猪鬃。20世纪60年代出现了电动牙刷,当时一家成立于1956年的公司倍乐康(Broxo)售卖一种旋转刷头的牙刷,并声称这是种先进的牙科手段。电动牙刷市场发展得如此迅猛,飞利浦公司甚至吹嘘其优质产品出现在了2100万个卫生间内。今天的产品则包括靠电池供电的牙刷和可以用App收集卫生数据的清洁工具。

中国和古巴比伦人需要的只是来自当地森林或猪身上的材料,而像飞利浦那样的制造商则需要用几十种金属原料来制造其电动牙刷,这些材料源自从中国北方平原到南美洲丘陵的广大土地。

说起经济全球化，人们通常想到的是来自巴基斯坦的足球或是产自印度尼西亚的 T 恤衫，但电动牙刷所用的原料是这些简单商品的数十倍，因此，这些原料的产地也比我们前几章探访的地点要多得多。

牙刷需要布满含钽电容器的电路板来储存能量；它需要含钕、镝、硼、铁的磁体以及产自中国南方的材料来使刷头每分钟转动超过 31,000 下；它还需要由镍、镉或锂制成的电池。供应制造电动牙刷所需的 35 种金属需要密集的稀有金属供应链：由巴西 CBMM 那样的开采商提供金属，由爱沙尼亚的 Silmet 进行加工，由纽约的雷尔曼家族将合金提供给元件生产商，这些生产商再将他们的商品卖给牙刷制造商。这是一个覆盖六大洲的巨网。仅是元件就穿越了七个国家——中国、刚果、智利、俄罗斯、韩国、印度尼西亚和土耳其。荷兰咨询公司阿达玛斯智库（Adamas Intelligence）的瑞安·卡斯蒂卢克斯（Ryan Castilloux）估测，仅电池所需的微量稀土材料就超过了 500 吨。

虽说电动牙刷的来源可追溯至猪鬃和骨头，其技术根源却在德州仪器（Texas Instruments）实验室这样地方。实际上，电子时代大多数产品都是如此。

1958 年，杰克·基尔比（Jack Kilby）以电子工程师的身份加入德州仪器，仅几周后公司就开始放暑假。第二次世界大战期间曾在战略情报局工作的基尔比因为刚刚入职还不能休假，他不确定应该做些什么。这家公司制造的是晶体管、电阻器和电容器，所以基尔比想他或许可以花点时间对这些产品做些改进。

那时，几百（如果没有几千的话）个晶体管、电阻器和电容器——在电子工业中调节电力的元件——必须用手焊接起来。手工生产的成本很高，仅一处接触不良就有可能损毁整个系统，而且电路的复杂性已开始阻碍电流，从而使新电子设备的研发受阻。基尔比想要创制一种集成电路，避免将电路的不同部分焊接起来。在所有人都去度假时，他有时间尽情尝试。

基尔比之所以能成功，是因为他选对了材料。他需要一种金属，既能导电（尽管很少），又能调节电流。基尔比进展神速，选出了稀有金属锗。仅在他的同事们返回工作岗位的一个月后，他就造出了样品。它看起来像一片口香糖黏在一块四方形的、有电线伸出的棕色玻璃上。但它确实巧妙。他的工作让他获得了2000年诺贝尔物理学奖，而且这种微型集成电路片也成了微处理器乃至我们电子生活的基石。它是现今"稀有金属时代"的种子之一。

不到10年，基尔比的集成电路就成了电子世界的支柱，也成了当时最先进的桌面魔术——计算器的核心。从20世纪60年代末70年代初开始，德州仪器及其他公司开始制造仅能计算加减乘除的计算器。以现在的标准看，它们很难称得上实用的办公工具，直至克里夫·辛克莱爵士（Sir Clive Sinclair）研制的Sinclair

Executive[1] 横空出世。它优雅简洁，颇具美学享受。1973 年，设计日志（Design Journal）这样宣传克里夫·辛克莱爵士的这个 2.5 盎司[2] 的计算器："是高端消费与尖端电子技术的完美结合，为市场开辟出了一片新天地。它马上就会成为谈资，成为富人手中的玩物，成为实用的商业工具。"

这个计算器的核心正是德州仪器的半导体，基尔比工作的衍生物。它被装在光滑的黑盒之内，大小相当于今天的 iPhone。它配有一个轻薄的黑色半透明屏幕，计算结果可以通过红色发光二极管显示出来，而制造这些二极管则需要稀有金属镓。

辛克莱的计算器 79 英镑（约 190 美元）的价格已经算是相对便宜的了，它开始成为执行官兼顾工作、时尚和娱乐的玩具。不过它还有些缺陷。电池只能支撑几个小时，而且在电源打开的时候还可能会爆炸。这款计算器推出后不久，其中的一台就在苏联大使的衬衫口袋里燃烧起来，传闻苏联开始调查该大使是否是某个阴谋的目标。这些初始缺陷并没有阻碍计算器的发展，因为新设备会更稳定，功能也会更多。到了 1986 年，计算器已经非常普遍。维克托·迈尔·舍恩伯格（Viktor Mayer-Schönberger）在其书《大数据时代》（Big Data）中写道，世界上约有 40% 的通用计算都被塞进了那些手持的数字处理机中——当时，这些设备比这

---

[1] 世界上第一台细线电缆便携式计算器，于 1972 年推出。——本书所有注释均为译者注。

[2] 约为 70.87 克。

个星球上所有的个人电脑都要有影响力。

辛克莱的计算器创造了"晶体管收音机之后廉价电子配件类的第一个爆款",当时的一个行业分析师评论道。它是简单但功能强大的配件的智能先驱。随着时间的推进,索尼随身听和iPad又陆续加入到这个行列中来。辛克莱意识到,高科技配件的未来趋势是紧凑、强大和时尚。虽然产品设计颇具天才,但正是稀有金属的全新集合(始于基尔比所用的那些)推进了电子设备在旧有想法之上的新创造。"许多设备此前并不是电子的,但现在有了电子的版本。"消费电子协会(Consumer Electronics Association)的瓦尔特·奥尔康(Walter Alcorn)告诉我。这些设备为无生命的事物赋予了生气。例如一种名为泰迪的毛绒玩具熊。1985年,泰迪一上架就成了当年最畅销的玩具,其中填充的并不是软毛,而是马达、扬声器和包裹在塑料硬壳中的磁带。按下它身上的卡带,它的嘴会动,它的眼睛会眨,它的手臂会挥动,它甚至还会讲话。对孩子们来说,它只是另一个畅销玩具,而对整个玩具产业而言,这就是一个划时代的产品。泰迪并没有像今天的电子设备那样需要那么多种稀有金属,但它却是第一个商业化的电动玩具。泰迪实际售出了1000万只,向今天电子化的玩具迈出了一大步。

回望20世纪80年代,只有两款圣诞季款畅销玩具需要电池——泰迪熊和激光枪战(Lazer Tag,一款带有电子玩具枪的游戏)。此前大热的是打破砂锅问到底(Trivial Pursuit)那样的纸牌游戏或是卷心菜娃娃(Cabbage Patch Kids)那样的布偶。而在90

年代，圣诞老人的礼物包就变得非常沉重，其中的稀有金属含量也大大提高。到了新千年的第一个十年，几乎所有的畅销款圣诞礼物中都含有电子的元素。它们不只是泰迪那样的简易玩具，它们是微软游戏机（Xbox）和 iPad 那样的游戏系统。玩具很快就成了世界上技术最先进的产品。玩具曾被做成卡车和厨房的形状，但现在它们的功能越来越强大，互动性越来越强——因此需要稀有金属如稀土元素制成的荧光粉使屏幕显示出各种颜色。正因为这些玩具，费雪玩具公司（Fisher-Price）的安布尔·皮特罗博诺（Amber Pietrobono）在 2013 年指出，3～10 岁的孩子是平板电脑用户增长最大的部分，他们也是稀有金属时代的第一代人。

大人和孩子的资源需求正在趋同。一代人以前，计算器、随身听这些成人玩具与我小时候玩的泰迪熊和特种部队模型相差甚远。而今天，儿童和成人的玩具实际上是一样的——我们都紧盯着屏幕。高科技设备现已嵌入到下一代人的生活之中。这还只是稀有金属用量不断增长的原因之一。

1983 年，在泰迪熊问世的几年之前，摩托罗拉推出了第一款移动电话，标价 3995 美元。这个约一公斤重的砖头更多地是个摆设而不是严肃的沟通工具：信号弱且通话质量差。但随着摩托罗拉及其竞争者研发出更多的内部元件（很多都用了稀有金属），信号接收和声音质量都有所提升。25 年后，手机集中使用了多种稀有材料——手机的 60% 是由金属或陶瓷构成。

每种金属都扮演了一个重要的角色，就像篮球队中的队员；缺少了某种特定的元素，特定的功能就会丧失。制造天线需要钛和硼，制造信号发射器需要钛和钡，制造扬声器和麦克风需要钐和钴，制造连接器需要铍，制造功率放大器需要镓。拿掉稀土荧光粉，屏幕就会模糊；拿掉钽，手机就会更大，掉线也会更多；拿掉镓，信号接收就会变差。

手机能使用如此多种类的金属，是因为每件产品中每种金属的用量很少，而它们的性质又是如此强大，因此使用它们的成本相对较低。随着技术的发展和更新，成本还会不断下降，功能也会不断增强。

随着手机进化为智能手机，我们的稀有金属用量也在急剧提升。智能手机与前代手机相比，包含的金属种类更多，用量更大，且品位更高。例如，4G手机所使用的镓比几年前的普通手机多6～10倍。每部手机所用的材料可能很少，但它们加起来就形成了整个稀有金属市场。一部手机的电池平均钴含量仅为6克，数量看起来似乎微不足道，但这意味着每年仅智能手机就要消费约7500吨钴。

诚然，与其前代相比一些新产品中的稀有金属更少了。例如发光二极管显示器就比其"前辈"日光灯使用的稀土元素少。而在手提电脑中，将数据储存在闪存芯片上的新型固态硬盘正在取代传统硬盘。传统硬盘使用两块稀土磁体，一块用来转动表面涂磁的金属磁盘，一块用来解码磁盘上的数据。使用传统硬盘，我们每年要用10,000吨稀土磁体帮助存储数据,若转为使用闪存硬盘,稀土磁体的需求量或许就会降低。

然而,因为闪存硬盘更快、更小,所以同等储存量它们所花费的(稀土)是传统硬盘的近8倍(2014年)。于是宏碁开始制造闪存硬盘更小的电脑如Chromebook。为了弥补存储量小的缺陷,人们正转而使用云储存。而带有稀土磁体的硬盘正是远程储存的支柱。所以在看到笔记本电脑中的稀土减少的同时,我们也见证着云数据储存中心硬盘中稀土磁体的爆发式增长。

就像克里夫·辛克莱所展示的那样,稀有金属既能使产品更小、更轻,也能使它们更强、更薄、更有用,在很多情况下也更便宜。这些消费性电子产品变得越好,我们就越会发现它们到处都是,并把它们不断升级的特性视为理所当然。

在最近一次从上海出发的路途中,我的朋友一直在痛惜飞机上没有座背屏幕。她眯起眼睛想要看位于几排座位之前的机舱主屏幕上播放的电影。没有座背屏幕的长途飞机越来越罕见。航空乘客体验协会(Airline Passenger Experience Association)杂志的编辑玛丽·基尔比(Mary Kirby)指出,对于所有的长途航线来说,预定带有座背屏幕的飞机是必要的,没有它们,"就像买了一辆没有收音机的轿车"。

我们忘记了屏幕曾经只是电视的一部分。我们现在已经习惯了平板,要在乘坐地铁、出租车甚至如厕时使用触屏。开发平板屏幕主要的技术挑战之一在于找到一种材料,这种材料既能让屏幕背后小光电管的光透过来，又能持续导电，从而形成一个完整的电路（并减少对阴极射线管的需求）。问题在于导电金属是不透明的，所以将金属放在光电管之前并不能让屏幕亮起来。

加入铟粉并与锡混合，就能得到一种特殊的透明导体，这种导体还能与玻璃很好地黏合在一起。控制材料的导电性和透明性对平板屏幕技术的研发非常重要。不过座背屏幕中使用的铟并不多——即使是 42 英寸的平板电视屏也只需要 3 美元的铟——这还不到智能手机中铟用量的三分之一。（实际上，铟—锡涂层也是很好的导体，涂在玻璃上可以让飞机窗不沾雾气，让超市的冰箱门不结霜。）金属的这些性质非常独特，现在尚未发现商业替代品能够取代它在平板屏幕中的主导作用，尽管它脆弱易碎、缺乏弹性——这些缺点使许多智能手机屏幕容易碎裂。随着这种屏幕越来越普及，铟的用量也会越来越多。

今天，依赖于平板屏幕的智能手机、平板电脑和计算机与单机产品如 Sinclair Executive 有着根本的不同。这些设备仅一年的产量就有约 26 亿部（它们互相连接时功效最大），而 65 年前全世界的总人口就是 26 亿。这些设备背后的网络才是数字时代的支柱、稀有金属的归宿。

20 世纪 70 年代材料科学的进展发现了铟、钛、钽的使用价值，因此，手机基站和中继的全部无线网络才得以建立起来。有了关键材料，如由钡和钛制成的陶瓷，基站就能将你的手机上的信号传递至网络上。

光纤是用以传递经过编码的光信号的玻璃纤维,而这些纤维正是整个互联网的核心,它以光速将信息准确地传遍全球。光纤成功的关键是让光不停地前进,其难点在于光扩散时强度会减弱。光纤网络使用了多种稀有金属,其中的一种就是锗。制造商将四氯化锗涂在光纤表面,在光纤外围形成一个几微米薄的密封层。这种稀有金属既可用于润滑又可用作绝缘体,它帮助控制光线前进并防止其渗漏。锗只占光纤重量的 4%,但这种看似不起眼的应用对稀有金属锗的小市场影响巨大——锗 130 吨的年产量中,有 40 吨用于维持互联网的运转。市场注定要爆发。欧盟预测,到 2030 年,光纤市场将增长 8 倍。

实际上,人们对互联性的需求非常大,国际能源署(International Energy Agency)预测,信息技术、通信以及消费性电子产品市场将在 2022 年翻倍,并在 15 年内扩大 3 倍。没有地方比亚太地区增长得更快:在亚太地区,中产阶级正在崛起,人们对这些商品的需求在 2014 年增长了 20%。这种恣意的增长可能会颠覆整个稀有金属市场。

小晴是典型的中国年轻一代。2011 年,我们在北京三里屯的一家时尚餐厅见面,她对新 iPhone 4 赞不绝口。与成长于"文化大革命"、受排外教育的父母迥然不同,她的英语非常流利。"为了买到这个手机我等了整整一个晚上。"她兴奋地告诉我。很难想象这个衣着时髦的女子为了一个手机在人行道上排了一整晚的队。

对小晴来说，购买新 iPhone 不仅需要毅力，还存在危险。2011 年 iPad 2 发售期间，北京的苹果旗舰店发生斗殴，2012 年 iPhone 4s 发售时也出现了同样的事情。还有更严重的：一个来自中国安徽的 18 岁的小伙子为了购买 iPad 和 iPhone 卖掉了自己的肾，最后罹患肾衰竭。

在店外等待整晚甚至卖掉器官都是人们为了获取心仪产品而做出的极端行为，这些案例表明高科技产品的需求对经济的边界知之甚少，它们也标示出稀有金属时代肇始的一个潜在忧虑：如果发展中国家如印度尼西亚的人民不只是模仿西方国家对电子产品和连接性的热衷，而是有过之而无不及呢？

Sesa-Opas 希望我用推特用户名来称呼他以保持匿名。他告诉我，他不会在雅加达骑滑板车时发送推特。不过，这个 30 岁的男子确实会在驾驶时发送推特——只要他有空。尽管他所使用的应用只有那么几个，多数时间是推特、脸书和 PATH——一个印度尼西亚流行的信息分享应用，根据他的估计，他为社交媒体贡献的时间占他清醒时间的一半以上。

Sesa-Opas 的数据证明了他的贡献。在过去的 5 年里，他一共发送了 142,000 条推特，也就是每周超过 500 条，每天约 74 条。"上推特就像看电视。"他发短信告诉我。"新闻、喜剧和讨论到处都是。如果你关注了对的人，你手机上就会有不间断的娱乐。"每天早上关掉智能手机上的闹钟后，他就会查看他的推特。"我上瘾了。"他告诉我。5年来,他离开"电视"的时间不超过36小时。如果他要到这个国家偏远的地方出差,不能上推特,"在开始的三四个小时,我会非常焦虑,"他说,"稍后登录的时候,就感觉错过了所有有意思的东西。"他会花上几个小时补回来。

他并不是一个人。年轻的印度尼西亚人坐在雅加达的咖啡馆里,三四或六人一桌,一手拿着iPhone或三星,另一手拿着微温的甜茶。全家一同出游很常见,结果每个人都盯着或用手指滑动屏幕。印度尼西亚拥有全世界第二大脸书社区,也是推特活跃用户的第三大聚集地。根据2012年某随机月份的数据,雅加达的推特活跃用户比纽约和东京的还要多。甚至从万隆——一座拥有250万人口的印度尼西亚城市——发出的推特也比从巴黎、洛杉矶和芝加哥发出的多。这样的使用影响着全球的对话。当印尼名人埃扬·苏布尔(Eyang Subur)和他八个老婆中的四个离婚时,该条消息通过推特传遍全球。英国演员艾玛·沃特森(Emma Watson)对此感到困惑,她向其600万粉丝发问:"说真的,这人是谁?"

印度尼西亚极强的互联网存在感令人惊异,因为这个国家2.5亿人口中只有四分之一能够上网:很多人买不起能够上网的设备,还有些人,光纤和电话信号塔之类的基础设施尚未惠及他们。情况正在发生改变。2013年,该国移动数据订阅人数几乎翻了一倍,达5870万人。合计起来,该群岛上的移动电话数量超过了人口数,也就是说,平均每人拥有1~2部手机。10年前在印度尼西亚的几座城市旅行时，我还很难找到可靠的互联网连接处。而现在，几乎每个咖啡厅都能上网，大量像 Sesa 那样的人一边啜饮着咖啡一边紧盯着屏幕。从他过去的行为可以推测，Sesa 将会是第一批购买可穿戴式电子产品的人。该类产品在几年前还不存在，但预计到 2018 年该类产品的销量将超过 1.1 亿件。

所有这些动向将会引发一个资源难题。耶鲁大学林学和环境研究的托马斯·格雷德尔（Thomas Graedel）认为，如果资源需求的增长与经济规划相一致，为满足需求，金属的总流量将会是今天的 5~10 倍。这意味着，我们需要 5~10 倍的原料来满足由印度尼西亚不断增长的财富以及全球不断增长的人口所带来的需求。人类对资源的需求，特别是对稀有金属的需求甚至可能超过格雷德尔的预期。不过，依赖于稀有金属的不只是个人产品，大型产品也是如此。

西雅图城外的波音生产设施不仅算大——2161 万立方米，甚至可谓巨大，五角大楼在其面前都相形见绌，员工往返于停车场和办公室甚至需要乘坐班车。你会觉得建筑物似乎过于巨大了，直到你看到那一条条组装线：成排的飞机——地球上最大的高科技产品——首尾相接。或许没有哪个产品能比一架飞机使用的稀有金属更多。如果你不认为飞机是高科技产品，那请想想，一架波音 747 中电线的长度就超过了 200 公里。不过，飞机所使用电子产品还只是个小头。在过去的 50 年里，飞机抛弃了钢，转而使用复合材料和更轻的金属钛。例如，新空客 A350 的架构中就有 14% 的钛，而在老空客 A320 中，钛的含量仅为 6%。飞机中钛用量的增长使钛的使用量在五年内翻了一番，于 2016 年达到 41,200 吨。

最为复杂的材料越来越多地出现在发动机中。美国国家科学院（National Academy of Sciences）在其报告《矿产、关键矿产和美国经济》（Minerals, Critical Minerals, and the U.S. Economy）中指出，最近推进装置的进步只可能源自对稀有金属如钴、铼、钇的高温性质的应用。例如，高强度、高熔点的铼能够允许飞机引擎在运行时温度更高，使用的燃料更少。

不过作为铜生产过程中的副产品，铼比金更为稀有。加工者从超过 120 吨（相当于 45 辆 SUV 车）铜矿中仅能提取出 1 盎司的铼。由于需求的增长速度比加工商增加供给的速度快得多，从 2006 年到 2008 年，铼的价格增长了 11 倍，达每公斤 11,000 美元以上。不过，对发动机设计师来说，相较于找到铼的替代品，更为容易的做法是重新设计发动机，使之在更低的温度下运转。

通用电气的航空事业在 2016 年陷入了铼短缺。由于该种金属出现购置困难，通用电气设立了一个铼削减项目，做法包括从旧发动机上回收、在加工过程中收集磨损的金属，以及在设计时使用更少的材料。每个涡轮叶片只需要一层薄薄的铼合金，大约半盎司（14 克）。尽管通用电气的策略降低了铼短缺的风险，但这类努力不是对所有金属都适用。

"针对每种金属都有独特的应对策略。"通用电气全球研究中心的首席科学家史蒂夫·杜克洛（Steve Duclos）警告说。并没有放诸四海而皆准的方法，他补充道，对于某种特定的元素，节省其用量的30%并不困难，因为使用更少的材料可以使生产工艺得到优化。但许多公司在提高金属使用效率后，可供其选择的策略反而变少了。

通用电气通过恢复和回收项目提高了铼供应的安全性，但这种提升是有限度的。公司仍然需要从市场上购入一定量的铼。不是每家公司都能像通用电气这样有远见地使用铼，所以短缺仍旧会推高价格或是延迟生产。更让通用忧心的是，效率的提升反而使公司从长期看更易受到铼短缺的影响。因为它现在使用的铼已经很少了，在未来想要降低铼的使用量就更加困难。

杜克洛指出，改变制造流程可以降低需求量，而用另一种材料来替代也是个不错的权宜之计。然而，这常常令人气馁。"你不能把一个踢掉又把另一个拿进来，然后说'就这样吧'。这并不像人们想的那么简单。"被称为"稀有金属先生"的卡尔·克施耐德这样说。寻找稀有金属的替代品成本很高。"它占用了本该用来研发新技术的资源。"杜克洛说。整个过程会耗费大量的时间，甚至比寻找原本的材料所花费的时间（10～20年）更多。

铼价的走高也揭示了一些更深层次的东西：处于稀有金属时代核心的资源替代。铼价攀高的原因之一在于2001年以后油价的升高。由于燃料费用占航空公司成本的约三分之一，航空公司执行官希望有更多节省燃料的飞机。而这些飞机的发动机会用到铼。

所以铼的需求量增加了。本质上看，航空公司将对燃料的依赖转移到了铼上。

波音和通用必须持续了解稀有金属贸易的演进，因为它们的需求量很大。波音 747 需要来自 30 个国家的 600 万个元件，而铼只是波音和通用所用的 70 余种元素中的一种。波音想要运营一条精益的供应链：元件从进入供应链到成为飞机的一部分只需经过五个月。无须通过存货来缓冲供应，意味着公司可以把更多的现金花费在生产性投资上，而运营一条精益的供应链又迫使公司必须保障稀有金属的长期供应。波音、通用以及其他供应链长的公司已增设了稀有金属风险管理委员会之类的机构，2010 年稀土危机之后每周至少开会一次。

这种稀有金属风险管理委员会还是一个较新的现象。制造商过去很少注意供应方面的问题，因为供应在产品的最终成本中的占比很小。麻省理工学院的首席研究科学家兰迪·基尔詹告诉我："大多数公司没有关注这些资源，他们关注的是价值高的资源——如果是汽车公司，他们关注的就是钢。"

不过，根据普华永道咨询部门一项名为"制造业的矿产和金属短缺：它是颗定时炸弹"（"Minerals and Metals Scarcity in Manufacturing: It Is the Ticking Time Bomb"）的研究，CEO 们已经逐渐关心起这个问题。三分之二以上的制造商害怕在短期内受到资源短缺的影响。集成电路产业的一家咨询公司 IC Insights, Inc. 的董事比尔·麦克林（Bill McClean）指出："没有 10 美分的电容器，制造300美元产品的生产线就得关闭。"据称，在2000年，正是这个小小的钽电容器推迟了索尼PlayStation 2游戏机的上市，而七年后的另一次钽短缺又使波音推迟了787的生产。

公司常常更多地受制于某种特定的材料而不是产品。例如，一家锂离子电池公司不能转而生产镍氢电池，因为二者的生产工艺大相径庭。仅是换掉供应商就令人头痛，就像5N Plus的金属贸易商约翰·史密斯（John Smith）告诉我的，他们必须花费很长一段时间来检验材料的质量。甚至一个轻微的改变就能迫使一家公司抛弃原有的生产工艺。

尽管如此，许多公司仍然不知道其产品中蕴含的巨大的风险，因为原材料的来源复杂。兰迪·基尔詹解释说，福特汽车公司将车载收音机外包出去并提出具体要求，然后从中选出表现最好的。公司不太会花费时间为收音机中的稀有金属担心。这种思维方式正在缓慢地发生改变。"这些公司正在清醒过来……随着其技术组合越来越丰富，他们所涉足的元素种类也越来越多，"他说，"人们绝对会陷入材料不足的困境中去。"

"这些公司很快就会平静下来。"一位在通用汽车效力了30年的老员工凯文·穆尔（Kevin Moore）告诉我。一旦危机过去，他们就会继续前行，重新回到过去的老路，也就是说，为低发生率、高风险的事件（如铼短缺）投入更少。但恰恰是这个时候，公司才应该注意供应安全。问题在于，在这些材料的价格下跌时，执行官的兴趣也会减弱。正如通用电气的史蒂夫·杜克洛 2012 年 11 月在材料研究学会（Materials Research Society）的宴会上指出的那样，挑战在于"危机的代价越来越高，发生得越来越频繁，越来越令人坐立难安"。

问题的关键在于消费者需要新型的高科技产品，而苹果和通用之类的公司的技术发展速度要远高于为增加供应而发掘矿井的速度。基础经济学告诉我们，资源价格升高会使其产量增加，但这在稀有金属市场上不总是有效的。对许多稀有金属来说，供给不能回应需求，但价格可以，因为产量不能迅速增加。矿产公司不能因为明年需求会增加就立刻开矿产镝。

这种易变性就使对小金属供应链勤勉地进行监控非常重要。随着越来越多的产品沿着电动牙刷的路径电子化，以及越来越多的人开始使用电动牙刷，稀有金属短缺的潜在风险提高了。公司们只能做些事情让自己尽量免受波及。杜克洛注意到："我们不能解决元素周期表上的所有问题。"为每种用途保障稀有金属的供应是不可能的。尽管高科技对稀有金属的需求令人畏惧，但这种需求也因环保科技的注定腾飞而降低。

第7章
环境守护神

绿色的稀有金属

那是一月的一个清晨。从锡拉迈埃到爱沙尼亚首都塔林185公里的路上,并没有什么值得一看。早上8:00,太阳还没有升起,沿途是一望无际的白雪。在千篇一律的自然风光的掩藏下,丰富的资源就埋藏在地下的冻土中。质地较软的是棕色沉积岩,再向下是油页岩——不到一个世纪之前,爱沙尼亚人就开始开采它们了。油页岩是一种廉价但污浊的燃料,这个国家70%的能源都源自油页岩。在地面上,清晨凛冽的寒风摇动着缕缕热烟。这些热烟来自远处一座油页岩能源加工厂,飘向如巨浪般翻滚的流云。在这些流云之上,我看到了人类对清洁未来的许诺——几架风力涡轮机,它们的叶片在北极的微风中鸣响。

这些新建的风力涡轮机占这个国家总发电容量的约10%。塔林雄心勃勃地计划,要在2015年底使风力发电容量从3亿瓦提升至18亿瓦。就像那些在油页岩上运转的发电厂,风力发电厂也在利用当地的资源：风和钕——锡拉迈埃加工厂生产的稀土元素。尽管基本的能源——风是免费的，我们还需要多种昂贵的金属才能利用它。

环保设备绝不仅限于风力涡轮机和太阳能电池板，其中还包括节能车、节能灯乃至节能电梯。所有这些技术，从海洋潮汐涡轮机到电池组，都需要稀有金属为其保驾护航。不过，使用环保技术的，并非只有最终产品。许多稀有金属本身就是绿色的，因为它们中的许多（如铌）可以极大地降低其他金属的使用量，这也就意味着总体碳足迹的降低。为了保护环境，我们需要增加稀有金属的开采量和加工量，这种说法可能会令一些环保主义者厌恶。开采与绿色经济并不对立，它是一种必要。

有多项研究表明，我们需要更多，甚至比现在多得多的稀有金属来抑制全球变暖。根据联合国政府间气候变化专门委员会的一项研究，到 2050 年，可再生能源的供应比例必须达到世界能源供应总量的 50%，也就是说要降低人类能源组合中化石燃料的重要性。该项研究得出结论，到 2100 年，世界必须全部剔除化石燃料。通向变革的道路并不仅在于更新技术，它还与保障稀有金属资源的供应有关。材料研究学会（Material Research Society）和美国物理学会（American Physical Society）2011 年的一项联合研究发出了一项应该受到严重关切的警告："这些'能源关键元素'的短缺会阻碍我们采用颠覆性的能源技术。"这就意味着，如果我们不能用稀有金属供应链来支撑环保技术，我们就注定要生活在这个化石燃料的世界里。

国际能源署（IEA）预测，为使全球变暖的程度维持在 2 摄氏度以内，可再生能源占全球发电量的比重必须在 20 年内达到 50%。为了达成这个目标，IEA 的一个设想是使太阳和风力发电量之和超过 6000 太瓦时[①]。与 2013 年 750 太瓦时的产量相比，这是一个巨大的提高。此外，汽车制造商也必须将电动汽车的生产比例提升至 80%，即从每年 8 万辆提升至 700 万辆，到 2020 年至少有 2000 万辆上路。

根据麻省理工学院的一项研究，若想让世界购买足够的风力涡轮机和电动汽车，并遏制全球变暖，我们就需要在未来的 25 年内让钕的产量增加 700%，镝的产量增加 2600%。挑战在于，从往年来看这两种稀土元素的产量每年只能增加 6%，而不是未来 25 年需要的 8% 或 14%。麻省理工学院前研究员爱丽莎·阿隆索（Elisa Alonso），现在正在为政府提供自然资源安全方面的建议。她说，真正的问题在于，尽管在某个特定年份某种特定的稀有金属的产量提高了很多，但很少有金属能够保持这样的增长速度超过 10 年。美国能源部和欧盟的计算结果与阿隆索和她的麻省理工学院同事的结论相同：要改变环境，我们所需要的材料还不够。

---

① 1 太瓦时 = 10^9 千瓦时。

在通往塔林的高速公路边有许多 300 万瓦特的风力涡轮机，涡轮机的叶片依靠稀土永磁体来旋转。这些磁体是直接驱动系统的一部分，将旋转叶片的能量转化为电能，提供给爱沙尼亚的千家万户。这些磁体是这种相对新型的涡轮机的主要组成部分，在 1992 年用作商业用途，并在过去的 10 年里被广泛使用。在中国，它的市场占有率已约有 25%，并在不断提升。在过去的技术系统中，变速箱本质上起到了将叶片旋转的能量转化为电能的作用，但由于齿轮承受着巨大的机械压力，它们的寿命远小于预计的 20 年。永磁体系统增多的一个原因就是其低于预期的维护成本，因为它的组成部分比过去的系统要少。

低维护成本令这些新型磁体更具吸引力，特别是对那些离岸风力涡轮机来说。因为离岸风力涡轮机很难维护，周围环境也更为严酷。风力涡轮机生产商阿尔斯通（Alstom）在自己的报告中说，装有永磁体的直接驱动系统所降低的维护成本相当于风力涡轮机总成本的 40%。

前文讨论过的立体声扬声器或电脑硬盘，其稀土磁体用量只有几克或者半盎司，而这些百米来高的塔所使用的稀土磁体量是前者的几千倍。仅一架风力涡轮机，每百万瓦特的容量就需要使用 250～600 千克的稀土磁体。所以，爱沙尼亚的风力涡轮机需要使用近 1 吨的稀土磁体，而更大体量的、专为离岸设计的 1000 万瓦特的涡轮机，所需的磁体量是前者的 3 倍之多。这意味着每架风力涡轮机平均要用约 2 吨稀土磁体，其中含有 160 千克镝——

地球上最难获取的稀土元素之一。

镝的供应困难重重。一辆混合动力车或电动车需要不到 100 克镝，风力涡轮机则需要约 30 千克。在未来，混合动力车和电动车会有数百万辆，风力涡轮机会有数千个，可以想见，镝的需求量也会大幅提升。根据美国能源部的数据，我们每年需要 8000 吨镝，比 2010 年的镝产量多了 7 倍。这些分析还没有算上高科技产品中的呈指数级增长的镝。

对资源短缺的恐惧使厂商在选择涡轮机技术时犹豫不决。根据普华永道的一项研究，可持续能源领域约有 90% 的商业领袖相信，材料和金属短缺将会影响他们的生意，而约有 80% 的人认为短缺在未来会更令人担忧。

技术金属研究（Technology Metals Research）的联合创始人加雷斯·哈奇（Gareth Hatch）注意到，在 2010 年稀土危机前的几个月，每个大型风力涡轮机需要使用约 8 万美元的磁体。在一年之内，稀土价格飞涨，磁体的成本也超过了 50 万美元。厂商急于寻找稀土供应。但 18 个月后，价格又重新回到了较低的水平。哈奇说："厂商仍对天价心有余悸，他们不想依赖这些金属。"

"厂商想降低供应链风险。"著名风力发电专家艾泽·德威瑞斯（Eize de Vries）说。在 2001 年稀土价格达到峰值时，他评论道，整个行业转向永磁体涡轮机只是一个时间问题，但稀土元素价格升高导致了发电机生产成本大涨，这又迫使厂家重新思考他们的驱动系统。例如，西门子正逐步淘汰其涡轮机中的镝。通用电气和维斯塔斯（Vestas）正在开发早先不含稀有金属的变速箱技术。这令人震惊，尤其是对通用电气来说。2009年，在收购了一家拥有永磁和直接驱动技术的挪威公司ScanWind之后，通用电气主管可再生能源的副总裁维克多·阿巴特（Victor Abate）评论道："这次收购使通用电气有能力为客户提供直接驱动的离岸风力涡轮机……我们期待能够进一步开发他们成熟的技术。"

稀土价格和2011年对稀土供应的担忧迫使整个行业探索更多样的风电机组传送系统，这些系统的稀土用量是直接驱动式涡轮机的三分之一。环保科技公司不只改变了涡轮机生产计划，有些还出于对贸易风险的恐惧，试图避免采用特定的稀有金属。

美国元素公司的CEO迈克尔·西尔弗相信，很多国家和企业出于对地缘政治的担心也在避免使用特定的稀有金属。他们害怕重温2010年稀土价格飞涨的噩梦，特别是地缘政治变动所导致的市场供应减小、材料价格飙升。

西尔弗所担忧的是，厂商正在花费大量金钱将可靠的金属替换为地缘政治风险较低但却未经测试的替代性材料。西尔弗把这种因害怕地缘政治变动就选取次优选择的决定称为"创新扭曲"。这些地缘政治考量而不是地质或制造问题让企业着手开发次优技术。通过更换材料来加固供应链对某些公司来说是可行的，但这也为那些不存在供应链问题、继续使用这些稀有金属的公司提供了开发更好产品的空间。

资深材料专家比尔·麦卡勒姆（Bill McCallum）奋战在爱荷华州阿姆斯国家实验室（Ames Laboratory）的研究一线。他致力于帮助美国政府减少对钕镝磁体的依赖。他的目标是开发技术，让美国公司能够使用本土的资源。由于镝的供应有限，麦卡勒姆希望能找到一种方法，用铈——一种软的、银色的金属，原子序数为58——来替代它。铈不但柔软、延展性好，它也是储量最为丰富的稀土金属。他想从根本上重塑汽车行业，并为美国最烦恼的问题——保障环保科技的发展——找到次优的解决方案。

虽说铈比钕、镝更廉价且更丰富，但它所能产生的磁力更弱，且在高温下腐蚀得很快。由于麦卡勒姆使用的是次优的替代性材料，他对这种材料的期望值也较低。"我们尝试制造的并不是一种很好的稀土磁体。"他告诉我。

所以即便他确实取得了突破，他的磁体也不会像之前的那么强，制造商还需要重新设计装有磁体的系统，以补偿磁体强度的降低。麦卡勒姆获得了美国政府和通用汽车的支持，他希望他的磁体不仅能用在风力涡轮机上，还可以用于混合动力车和电动车，因为90%的汽车市场都依赖于永磁体发动机。不过他告诉我，他还需要诸多帮助。他团队中的每个成员都面临困难，需要至少"一次奇迹"来找到有用的替代品。

若能成功，他的磁体就会被用于汽车等产品。在使用稀有金属资源方面，最好不要把汽车看作一种商品，而要看作一所装满各种装置的房子——立体声音响、安全气囊系统、引擎——所有设备一同运转。一辆标准的机动车装有 40 余块磁体、20 余个传感器，使用的稀土元素接近 500 克。新功能，例如取代了后视镜的摄像机，只会增加制造的复杂度和稀有金属的需求量。

汽车公司现在最担心的是，每辆混合动力车要使用多达 1.5 千克的稀土磁体材料，而每辆电动车则需要该数值的 3 倍以上。在电动汽车中使用稀土磁体的原因和在风力涡轮机中使用它们的原因相同：它们要比感应电动机效率更高，也更强大。"同等的输出功率，与感应电动机相比，永磁电动机更小、更轻、更紧凑。"曾为橡树岭国家实验室（Oak Ridge National Laboratory）能源部功率电子学研究员的约翰·米勒（John Miller）说。这给汽车公司出了个难题。

"我们很难抛弃（永磁体）。"通用汽车（中国）电气化战略主管大卫·里克（David Reeck）说。引擎下面只有那么点空间，而电力或混合发动机又要推动那么多重量，因此使发动机质量和体积最小化就很关键。这就意味着大多数汽车公司都已将目光聚焦在永磁发动机上。

在通用汽车采购团队供职 30 年的凯文·穆尔告诉我，在 2010 年以前，通用汽车和其他汽车公司都对稀土金属供应链的不稳定没什么概念，也不知道每辆汽车需要多少稀土。通用汽车现在对此知之甚详，而这也改变了公司的观念。

穆尔是通用汽车派往中国评估供应风险的代表团中的一员。

那是一次仓促的行程。"如果你不能向我保证原料的供应，我就不打算制造汽车，"他这样转述通用汽车一位首席工程师对他说过的话。没有人能做出这样的保证，所以代表团立刻启程寻找其他选择。"如果这些稀土可以随时取用，发动机要用何种材料根本不会被拿出来讨论，"艾德·贝克尔（Ed Becker）在2014年初告诉我。贝克尔同样在通用汽车干了30年，曾负责减少磁体中稀土的用量。他接着说："除了供应方面，我想不到这些永磁发动机能有什么其他缺点。"

汽车公司需要保障机动车整个生产周期的材料供应，而一个周期需要近10年——从设计到生产大约需要3年，后续的生产周期要7年。极小的改动都很困难，更不要说更换整个发动机了。正如通用汽车电气化系统和电力传动工程部主管皮特·萨维吉恩（Pete Savagian）在2013年的一次采访中所说："我们不可能在一夜间做出改变。"

萨维吉恩这样的材料供应负责人还会担心环保车辆所使用的稀有金属与其他环保和高科技产品相同。因此通用必须评估产品的未来需求以及稀土在其他部门如风力涡轮机中的危急程度。如果他发现风力涡轮机制造商在稀土磁体外并没有其他选择，且需求注定会增长，通用汽车就会在供应短缺的时期陷入昂贵的竞价大战。提到稀土市场，萨维吉恩说："其中隐含着潜在的不确定性……我们必须考虑成本以及成本的变动。"穆尔告诉我，公司对供应非常担忧，他的同事们甚至在讨论购买稀土矿井。从那时起，通用汽车对稀土未来的忧虑使他们开始考虑开发不那么强大的感应电动机。

通用汽车不是唯一一家这样做的公司。艾德·贝克尔说:"我知道的每家汽车公司都为永磁电动机准备了备胎。"开发老式感应电动机,使用基于铜或铝的电磁体而不是稀土磁体,也是一种对冲策略。对冲与创新畸变仅一线之隔。使用何种发动机,通用汽车的决定并不轻松:一个错误的选择可能使他们破产。

19世纪90年代末,类似的斗争在老式汽车(horseless carriage)和推进系统(propulsion system)之间隐现。蒸汽、燃气和电动引擎各有优势,而在当时,汽油车仅占市场的不到四分之一。拥有34项专利的工程师兰索姆·E.奥兹(Ransom E. Olds)最初研究的是蒸汽能源和蒸汽动力车,这类车在当时比较便宜。尽管成本更高,但奥兹相信汽车的未来在于强大、高效的燃气引擎。正因为他的远见卓识,才有了以他命名的汽车"奥兹莫比尔"(Oldsmobile),而没有以其竞争者斯坦利(Stanley)和波普(Pope)为名的汽车。

有人可能会认为,通用汽车现在正处在类似的节点上。混合动力车和电动车市场有望爆发。在10年内,混合动力车和电动车的销售额会由2013年的690亿美元增长至3340亿美元。选择正确的发动机不只对通用汽车十分关键,这对美国经济来说同样重要。

尽管有保障稀有金属供应的需要,与投资人一样,制造商为保障供应的投入资金能少则少。市场已经打击过那些采取不必要防范措施的公司。在20世纪90年代，福特在催化转化器中所使用的铂族金属钯的价格上涨了两倍。当时，世界最大的钯供应国俄罗斯停止了出口。与所有汽车公司一样，福特也在其转化器中使用了铂族金属。该公司最初依赖于铂，但后来转向更便宜的钯。这些金属以化学方式将三种污染物——未燃烧的碳氢化合物、一氧化碳、氮氧化物——转化为危害较低的废气，过滤废气，并减少汽车尾气的排放。

然而，铂族金属是世界上最贵的几种元素，常常比金还要贵，所以它们是按盎司来出售的。虽说每辆车只要使用3.5克（约为0.11盎司），但整个公司加起来每年要使用900万盎司——福特汽车公司的一位分析师说。

自从20世纪70年代催化转化器被引入汽车，汽车公司一直试图用其他稀有金属如钴或铱来取代铂族金属，但毫无成效。福特甚至为了平衡公司对不同种类稀有金属的依赖而把手伸向中国，开发稀土催化材料。但替代从未成功。

2000年，福特的采购部门对持续上涨的钯价非常紧张，他们认为搞到大量的钯或许是个好主意。该部门的采购看似十分明智，因为到2001年初钯的价格就涨到了每盎司1082美元。然而在这年接下来的时间，价格又迅速跌至每盎司300美元。这家美国公司为此损失了10亿美元（每盎司大约损失了800美元），其声誉也遭受了不可估量的损失。"随着时间的流逝，一次又一次令人惊讶的价格下跌开始影响公司的信誉。"德意志银行亚历克斯·布朗投资银行（Deutsche Bank Alex. Brown）的分析师罗德·拉切（Rod Lache）说。福特的损失还引发了一场诉讼。这样的损失同样使各个公司不再囤积稀有金属，过度地采取防备的姿态。这甚至还鼓励了它们一有可能就避开稀有金属。

经济学家会告诉你，有些消费者之所以会自愿接受混合动力车和电动车，是因为这些车辆的性能已经能够媲美内燃机车，即以当前的燃气价格来衡量，每单位能源的成本达到了约250美元/千瓦时。而在2013年，大多数电动车的单位能源成本为485美元/千瓦时，即在不到5年的时间里下降了一半。2013年上半年，特斯拉S型（Tesla's Model S）在奢侈品市场收获了8.5%的份额，超过了梅赛德斯-奔驰S级和宝马，还斩获了《汽车趋势》年度汽车奖。但它超过7.2万美元的价格使它超出了大多数购车者考虑的范围。

在过去的10年里，每隔几年乔恩·索恩本（Jon Sonneborn）和他的商业伙伴都会购买相同的轿车。他们的生意不错，所以他们一般会买奔驰或雷克萨斯，不过去年他们买的是特斯拉。索恩本告诉我，特斯拉开起来很舒服，美国制造，在5.5秒内就能从0加速到100公里/小时。他这样向我保证，尽管他对此并没有亲身体验。而且，这辆车没有排气管，也不会直接排放尾气。"开环保车的感觉真好。"他说。

他的特斯拉的电池容量成本已经低至250美元／千瓦时。当然，秘密在于稀有金属。尽管特斯拉的感应电动机已不再依赖于永磁体，但汽车的其他元件仍然需要使用稀土永磁以及其他稀有金属如钛。这些材料用于保护与车体同等长度的锂离子电池，仅这个电池就要花费约30,000美元，这也是该车成本高昂的原因之一。

咨询公司麦肯锡注意到，汽油的价格约为每加仑3.5美元，电池价格低于250美元／千瓦时的汽车公司就能生产具有竞争力的电动汽车。但如果下一代特斯拉的制造成本更低呢？特斯拉所改变的或许不只是汽车产业，还包括绿色能源市场和稀有金属的需求。该公司正在建造一个巨大的电池生产厂——一个50亿美元的庞然大物，那里生产的锂离子电池相当于世界上其他电池厂产量的总和。特斯拉的目标是使其电池成本降低至少30%，使之进入那些想要而又曾买不起的人的购买能力之内。降低电池成本并提升其效率非常关键。根据美国能源部的说法，一辆电动车要想与汽油车进行成本竞争，就需要将锂电池的容量提升一倍，并同时将成本降低30%。

降低成本对电动车市场十分必要。塞勒斯·瓦迪亚（Cyrus Wadia）就这样认为，他曾为白宫科学和技术政策办公室主任提供环保材料与能源方面的建议。成本高是推广储能电池的绊脚石。不过降低成本以刺激需求同样会对稀有材料市场造成压力，因为可用于电池的替代性材料很少。

重量超过 200 公斤、比特斯拉小的电动车,电池成本为 8000 美元到 18,000 美元不等,常常由锂制成。莱顿能源公司(Leyden Energy)的研究员亚历克斯·特朗(Alex Teran)说,电池产业依赖于锂是因为没有其他元素能比锂更轻或更导电。"它已经证实了自己的优越性。没有什么尚未发现的惊喜。你可以看看元素周期表,看看我们能找到什么。"

如果特斯拉能成功地降低电池成本,它所改变的就不仅是汽车市场,还有锂市场和其他稀有金属市场。有人对低成本、高质量的金属供应持怀疑态度。就像瓦迪亚在 2010 年指出的那样:"增加供应量需要一段很长的前置时间,包括巨额的开采投资,低质量的资源还需要精炼和加工,成本也会因此增加。"

其他人——比如金属市场情报公司金属开采者的斯图尔特·伯恩斯(Stuart Burns)——预计,新电池厂的巨大体量将榨干整个钴市场,除非钴的生产迅速扩大。还有人,包括技术金属研究公司的加雷斯·哈奇,在担心石墨市场会发生同样的事情,因为特斯拉也需要大量的石墨。加雷斯指出,特斯拉的工厂需要 102,900 吨石墨——当今全球总产量的 125%。假设特斯拉达成了它的目标,新电池就会激发汽车行业和环保能源行业的新需求。况且它用的电池还不是市场上唯一一种电池。大约有一个鞋盒那么大的起止式电池正在进入燃气车,因为它们能让汽车在等红灯和堵车时关闭引擎,从而节省燃料。

电池也是太阳涡轮机和风力涡轮机的关键技术。按照太阳城（SolarCity）的 CEO 林登·赖夫（Lyndon Rive）的说法，他的公司生产的太阳电池板系统如果不装载电池，就卖不出去。原因很简单——没有太阳，太阳电池板当然无法产生能源，而由太阳电池板在太阳照射时完成充电的电池，则能在没有太阳时释放能量，提供稳定的电流。所以，功能强大的新电池会刺激太阳涡轮机和风力涡轮机的销量，使它们成为由化石燃料驱动的发电设备之外的可靠选项。对国家可再生能源实验室（National Renewable Energy Laboratory）的材料科学家怀亚特·梅茨格（Wyatt Metzger）来说，电池性能的提升速度还不足以影响这些涡轮机的市场销量。

从科罗拉多矿业大学出发，有一条大路通向落基山脉的山麓丘陵，梅茨格的实验室就坐落在那里。他要依靠稀有的碲（世界上最稀有的元素之一）和有毒的镉来革新太阳能产业。

怀亚特想要改变太阳能市场，现在 87% 的电池板都由高纯度的硅和大量的稀有金属粉末制成，包括电路系统中的钼和铌以及电池板中的铟。麻省理工学院教授、2011 年美国物理学会联合主席罗伯特·贾菲（Robert Jaffe）在关于能源关键性元素的报告中指出："太阳能所发的每瓦电都需要元素周期表中的特定材料。"怀亚特和他的团队正在开发一种名为"镉－碲薄膜"的新技术。实际上，镉－碲涂层比一根头发还要薄很多。怀亚特告诉我，它的生产成本比高纯度的硅更低。其他的薄膜技术则用到了镓（LCD

屏幕中使用的材料）和硒（一种与碲类似的元素）。它们的薄度和弹性也为太阳能发电打开了新的视野：这些电池板可以被卷起，因此也更便于运输。这种特性对军事十分重要，因为将燃料运往冲突区域既昂贵又危险。

怀亚特在谈及薄膜技术的前景时容光焕发，但他现在做出的电池板还没有传统的硅制电池板效率高。也就是说，要输出同等的电力就必须使用更多的电池板，即成本更高。实际上，许多新技术和新出现的特殊环保技术并不比当前的能源生产更有效率或更便宜。镉–碲电池板的每瓦成本（用来衡量太阳能电池板效率的指标）是0.65美元，而硅电池板则只有0.50美元。不过，情况将很快发生改变。

怀亚特的团队有美国政府支持，其研究也正在取得进展。5年前，镉–碲电池板仅能将接收到的阳光的不到10%转化为能量；现在，行业领先的太阳能板生产商第一太阳能（First Solar）可以转化14%的阳光，而硅电池板可以转化15%。太阳能发电的"电的标准化成本"（一个用以衡量发电效率的常见指标）是13美分／千瓦时，正在接近煤炭发电的9.6美分／千瓦时。

这些指标对怀亚特来说很重要，因为他的团队想让镉–碲电池板能像煤炭那样低成本地生产能源。不过有些人可能会担心，一旦太阳能发电的总成本下降到与煤炭相当，太阳能技术腾飞，稀有金属的消费量就会变得巨大。从社会整体来看，我们将用碲取代煤。从环境角度开看，这是一场重大的转变，因为一次性地加工稀有金属，制成能够持续生产电池板，要比一直开采和燃烧新煤要好。

一块太阳能电池板最多使用几克稀有金属，但几百万太阳能板加在一起，所需的材料就多了。铟、硒、碲的年产量仅为金的一半左右，故需求量的上涨可能会引发动荡。依赖于稀有金属中最稀有者的，并不仅限于太阳能发电。人们可能很少考虑一座电梯所消耗的能源，但在装有电梯的楼房，电梯耗能约占该座建筑能源使用总量的5%。为电梯安装稀土磁体电机，可将能源用量减少一半以上。这样做可以省下大量的电力，但还不能与新光源所能省下的相比。

在过去的20年里，照明成本一直在增长，照明质量也在持续提升，平均来看灯泡越来越环保了。新的紧凑型荧光灯（CFL）和发光二极管（LED）比老白炽灯的照明效率提高了近80%——白炽灯的能量有90%都用来发热而不是发光。在美国，照明所需的能源占全楼能源使用量的五分之一，因此，环保灯实实在在地节省了能源，使新增发电厂的数量减少了40座。（诚然，它们也让你的钱包更瘪了，所以人们在乔迁新居时不太会像以前那样丢掉之前的灯具。）

这些灯具其实是电子产品——更像是电脑而不是托马斯·爱迪生在一个世纪之前所发明的东西。实际上，LED灯与计算机及其磁芯所使用的技术相同——它们都用了半导体镓。长期以来，灯泡的生产一直在使用稀有金属——从白炽灯中的钨丝到点亮了巨型商店的荧光灯中的稀土元素粉末，而新兴灯具的光线更为柔和。这是因为材料科学家已经学会有效地安排这些稀有金属，特别是平衡其中的稀土元素磷光剂的用量。

就拿通用电气的照明品牌 Reveal 来说，灯具本身所发出的光线仍旧明亮刺眼，但玻璃中的钕为灯具提供了一种蓝色的过滤器，这种过滤器能够吸收黄绿波长的光，从而制造出更令人愉悦的光线。其他稀土元素如铕可让灯具发出柔和的红色和蓝色，铽则能创造绿色。这些材料在过滤掉特定的强光方面十分有效，所以还被用于滑雪护目镜。

美国的 2007 年《能源独立与安全法案》和欧盟类似的法律都强制使用这些节能灯。矛盾的是，这些法律加速了美国资源安全的外包，因为制造这些灯具要靠他国的稀有金属，而稀有金属产品也越来越多地在海外生产。世界上最大的几家照明用具生产商通用电气、喜万年（Sylvania）、欧司朗（Osram）和科锐（Cree）都在过去的 7 年里将工厂转移到了稀土的原产地。更低的制造成本诚然是工厂转移的一个因素，法维翰咨询公司（Navigant Consulting）的环保研究分析师萨姆·贾菲（Sam Jaffe）说："许多公司在亚洲设厂主要是出于材料成本的考虑，而不是劳动力成本。"中国的出口管制政策使这些材料的国内价格更低，而环保公司在中国生产，供应方面会更可靠些。这些公司现在都在中国生产。该国消费了世界上 80% 的稀土磷光剂，用以制造节能照明系统。

灯具中的稀土元素带来了省电的新技术,二氧化碳排放量也因此减少。有时,仅将稀有金属与其他金属相混合,就能在环保的道路上前进一大步。

铌业巨头 CBMM 的 CEO 塔德乌·卡内罗将自己视为一家环保公司的领导人。"人们说,开采本身就不可能是可持续的。错!如果把铌留在沙子里不管,"他用手指着矿井说,"车辆就会更重,建筑物的结构就会更重,管道就会不结实,然后就要耗费更多的钢材。"

更多的钢材就意味着更多的二氧化碳。

若把使用多少能源、排放多少二氧化碳作为判断一项技术是否环保的条件,那么开采和加工稀有金属或许是所有技术中最环保的一项。CBMM 的研究显示,如果在新天然气管道所使用的每吨钢中加入 1 千克铌,就能使钢需求降低一半。炼钢是世界上二氧化碳排放强度最大的行业,每年排放 25 亿吨温室气体。铌不仅能减少需要生产的钢材量,用于汽车中还能帮助减少二氧化碳的排放。加入铌后,汽车的重量可以减轻 10%,燃料效率因而也会提升 6% ~ 7%。铌也可被用于太阳电池板的背面,在有些实验室中,它可以将特定电池板的效率提高近 1/3。

毋庸置疑,一家公司决定使用铌或是其他钢材强化剂,不只是出于环保考虑,更是为了利润。卡内罗说,这类的环保产品在商业上也很成功。投资 9 美元把买来的铌加入汽车的钢材中,就能使汽车减重 100 磅。也就是说,汽车每行驶 200 公里能省 1 升燃料,在其使用寿命内可减少 2.2 吨的二氧化碳排放,这抵消了将钢材制成汽车所必要的二氧化碳排放。同理,使用了铌的桥梁、建筑和管道也是如此。

卡内罗不只将 CBMM 看作通向绿色星球的催化剂,它也是一项全球工程的组成部分。"这个星球要变得更有效率,就得学会用更少的材料创造出更多的东西,而铌会帮助我们实现这个转变。"

2014 年 2 月中旬,我在北京度过了 4 天,这 4 天我都说不好天气究竟是晴是阴。厚重的雾霾以暴风雪的方式模糊着我的视线,而实际上并没有雪片下落。空气中隐约弥漫着煤炭的味道,给车辆、屋顶(可能也包括我)蒙上了一层米黄色的薄膜。在著名的商场燕莎中心,门厅里到处都是雾霾形成的"薄纱"。

中国对绿色能源的渴求十分迫切,人民的生活都要仰仗于此。2010 年,中国的空气污染使 1200 万人提早死亡;肺癌发病率在新千年的头十年翻了一番。自此之后,空气质量变得越发糟糕。面对连年恶化的空气,北京人的忍耐已经达到了极限,政府也在积极工作,试图改变现状。

2011 年到 2015 年,中国在可再生能源方面的投资超过了 2940 亿美元。北京的目标是迅速提升环保战略产业的产能,在未来的 35 年,仅风能一项技术就能得到 1.9 万亿美元的投资。

这是一项大工程。中国的风力装机容量已领先世界，比美国多50%。这样的决心不仅能减缓中国化石燃料发电量的增长，还能让国家不断试验自己的环保技术。西方和日本的企业花费数百万美元就为了摆脱环保产品中的稀有金属，而中国的企业则没有这样的顾虑。西方和日本的"创新扭曲"为其他国家如中国留出了开发更好产品的空间。

有批评者指出，资源短缺造成的价格上涨会刺激人们更有效率地利用资源，最终刺激新的供给。不过正如我们在催化转化器和永磁电机的例子中所看到的那样，技术要发挥作用还要靠特定的金属，而稀有金属供应链不能迅速对需求做出反应。

环保技术突破的巨大悖论在于：我们拥有知识，也知道原理，但我们尚未投资于稀有金属原料，使它们能在适当的时候，更重要的是能以适当的成本被人类取用。正如我们所看到的，建设这些供应链需要几十年的时间，而在技术上取得突破则快得多。稀有金属供应链方面的最大隐忧可能就是：由于新型节能设备功能强大，环保技术将很快成为首选。如果没有远见，我们就会陷于材料短缺的困窘中。这种忧虑与20世纪50年代美国卷入制空权竞赛时军事计划制定者的忧虑相同。

第 8 章
最强大的军队

坚硬、聪明的金属

1959年，克拉伦斯·凯利·约翰逊（Clarence "Kelly" Johson），洛克希德马丁公司（Lockheed Martin）的航空工程师，设计出了终极侦察机。这架飞机的飞行速度是当时大多数飞机的两倍，能在距地面27公里的高空飞行。这架飞机将"主导地球上空十年以上"，它能够避开苏联的导弹系统，拍摄俄罗斯广袤的土地。约翰逊和他洛克希德马丁的团队一反常态，将之命名为"牛车"（Oxcart）。唯一的问题在于：它造不出来。

没有足够耐用、足够轻的材料可以满足这架飞机的特殊设计要求。飞行时，"牛车"的机翼温度接近260摄氏度，发动机温度接近650摄氏度。铝足够轻，但会在高温下变形，因为它在150摄氏度时就会软化。高温会使燃料沸腾，使润滑剂胶化，驾驶舱的驾驶员也要忍受高温的烘烤。不锈钢可以抵御高温，但它的重量会限制飞行高度，缩短飞行距离，维持飞行所需的燃料也更多。

在两年前的 1957 年，美国空军器材司令部少将、采购和生产科长威廉·森特（William Senter）也在寻找类似的材料——一种几乎没有重量、极其强劲、极度耐热、能以极低的成本轻松浇铸的材料。森特说，尽管他没有找到这种材料，但为它起了个名字叫"Unobtanium"。

到了 20 世纪 50 年代末，冶金学家已经为"牛车"找到了一种可能的材料——一种鲜为人知的、笨重的稀有金属钛。钛的强度是铝的两倍，韧性与钢相当，而重量却比钢少 40%，而且不会腐蚀。更重要的是它还耐热，熔点高达 1660 摄氏度；它的柔韧性足以使飞机在极端的速度和温度下适度膨胀。但钛也不是万能的。

钛是地球上第九丰富的元素，但要从矿物中把它提取出来难度很大。美国并没有找到这种金属的可靠来源，尽管政府为该产业提供了 2.5 亿美元的援助，包括 20 世纪 50 年代为钛白粉加工和矿产开发研究活动提供的 5000 多万美元。这些项目已经为飞机设计贡献了足够多的红利。之后，钛就退出了当时美国唯一的钛供应商——钛金属公司（Titanium Metal Corporation）的生产线，因为这家公司生产的钛很不稳定。低质量的钛十分易碎，特别是在飞机降落时，所以，尽管这种金属的性质对飞行来说十分理想，但美国生产的钛并不十分好用。

即便存在这些挑战，当时的专家还是乐观地预测钛合金将占机体重量的 30～50%。"牛车"计划更是雄心勃勃：整架飞机几乎全部都由钛制成。但没有高质量的稀有金属，计划就只能是计划。

纵观历史，一个国家在元素周期表上的能力会直接转化为其军事成就。先进的材料技术不仅能打造一国在战斗中的优势，还对其战术决策大有裨益。历史上，那些掌握了当时最先进的武器制造技术的文明就控制了它们周边的其他社会。

在公元前 1400 年左右，距青铜时代开始已有 1600 年，居住于现在土耳其北部的金属工匠发现一种难以置信的物质：在炭火上重复加热铁矿，就会产生一种极其坚固的金属。几个世纪以来，青铜都是主要的军事武器。但要制造青铜就必须找到铜矿和锡矿。找到它们很难，因为地壳中铜的含量只有 0.005%，锡的含量只有 0.0005%，而铁的含量则高达 5%。

赫梯人用铁制造出了成本较低的武器。这些武器把众多的农民武装起来，成为士兵。赫梯人的冶金术解锁了一种新的军事资源，让他们很快取得了军事上的成功，战争也由此大众化。随着赫梯铁匠的迁徙，他们的冶金技能也让周边的亚述人进入了铁器时代。亚述人用铁制造出攻城槌、盾牌等一系列武器，并以此征服了从中东到波斯湾再到埃及的广阔土地，而他们的对手——阿拉伯人的武器就只有弓箭。

几个世纪以后，缺乏锡矿和金矿的罗马人发展出了无可比拟的开采技术，例如水力采矿。他们的帝国不断扩张，将大量的矿产带回罗马。这些矿产被制成武器并继续投入到战争之中。

为"牛车"找到合适的稀有金属只不过是几千年来冶金进步创造军事优势的又一个例子。不过,这些科技进步没过多久就扩散到了军事以外的领域。它们同样成了高科技和环保生活方式的技术基础。经过十余年的军事冲突,我们又再一次迎来了材料科技突破的风口。这些突破从军事领域扩散开来,不仅推动了技术进步,还创造了更多的稀有金属需求。

回溯到 20 世纪 50 年代,凯利·约翰逊的目标并没有推动军事科技进步那么大,他想要的不过是找到一家可靠的钛金属供应商。以国家安全局的名义,中央情报局(CIA)直接与洛克希德·马丁公司(Lockheed Martin)合作,在全世界寻找钛源。他们仅找到了一处:苏联。该机构动用了空壳公司网络和第三方机构来购买钛。实际上,他们设立了一个间谍项目从苏联购入材料,反过来再利用这些材料开展间谍活动。

"牛车"的另一项挑战则更为艰难,每位材料科学家和工程师都为此烦恼。他们要求使用一种新的稀有金属来替代现有材料,就像日本一些企业在 2010 年试图寻找稀土磁体的替代品一样。在制造飞机时使用一种新材料就意味着需要改变飞机的设计和具体要求。钛的使用"实际上改变了飞机的工业基础",CIA 的项目经理理查德·比塞尔(Richard Bissel)如此说道。从金属工人到机械师,约有 2400 人要改进其专业技能以适应新材料。但使用钛就意味着不能使用原有的装配线,每架飞机都需要人工装配。

钛不是易于掌控的材料,大多数工程师和技工此前从未接触过它。钻头和其他工具一直在折断,因为钛实在太坚硬了。切削工具每隔几分钟就需要重新打磨,这使生产无法顺利进行。就算是花费数月设计出来的特殊钻头,仅打 120 个眼就需要重新磨尖。技工在金属上画线需要更换新笔,因为之前的笔中含有氯,会腐蚀钛。镀镉的工具,包括扳钳都需要重新设计,因为螺栓头会脱落——微量的镉会作用于钛制螺栓,使其断裂。洛克希德公司甚至使用蒸馏水来清洗钛板,因为加利福尼亚伯班克当地的水含氯过多,用它来清洗,机翼板就会像薯片在加热时一样弯曲。实际上以"A12"和"钛鹅"(Titanium Goose)闻名于世的"牛车",还需要特殊的固定装置、润滑剂和配件。

人们在使用钛的过程中所学到的东西,很快就能用在民用飞机领域,最后成为全球飞机设计的一部分。这场变革让钛从元素周期表中一个令人好奇的元素转变为一种关键的材料。20 世纪 60 年代初期,美国正是依靠钛的秘密制霸地球上空。

大约在 A12 出现的 50 年前,也就是铁器时代后的约 3500 年,德国武器制造商克虏伯(Krupp)的设计师殚精竭虑制造出一种重达 43 吨的巨型大炮"大贝尔塔",它的轮子和坦克的类似,有一个人那么高。这门大炮需要近 1000 人才能启动。"大贝尔塔"一旦就位就可以在几秒内将 2200 磅的炮弹发射到 15 公里以外的地方,炮弹可以穿透混凝土防御工事。然而,这门大炮只能发射几次。

在发射42厘米长的炮弹时,这门大炮会产生巨大的热量,高温会使炮筒融化。克虏伯的工程师发现,将稀有金属钼(其熔点高达2617摄氏度)加入钢中,可以提高炮筒的耐热性能。

新设计的"大贝尔塔"在第一次世界大战初期帮助德国摧毁了比利时的铜墙铁壁,并护送军队开进法国。后来,"大贝尔塔"的设计和生产不断升级,1918年炮弹打入了巴黎。巴黎人十分震惊,他们不能相信炮弹竟来自于距城市10公里以外的地方。然而,和凯利·约翰逊一样,克虏伯的工程师们也缺乏他们所需要的稀有金属。

在战争之前,德国就很难找到钼供应。很少有人明白钼的重要性,但德国知道它的价值并积极寻找新的资源。1915年,德国金属供应商金属公司(Metallgesellschaft)的子公司美国金属公司(American Metal)在科罗拉多巴特利特山中发现了一座古老的矿井,其中有少量的钼。这家德国公司买下了它,打算利用美国金属公司来对付美国。不过,该计划从未实现,而德国还需勉力处理从其他地区找到的有限供应。

尽管国内的土壤中缺乏钼及其他许多稀有金属,德国战争机器为战争所做的冶金准备要远优于它的邻国。受到良好训练的德国冶金工程师在全球各地(甚至包括8000公里以外的英国殖民地缅甸)的矿井中工作,为祖国提供稀有金属来制造当时最先进的武器。尽管自然资源基础薄弱,德国用一条条稀有金属供应链、更为先进的冶金技术，以及国际投资打造了令人印象深刻的军事力量。

这种冶金方面的精明让许多国家意欲迎头赶上，他们仿制了这些德国武器，希望能够找到稀有金属的奥秘。此外，英国当局还不能理解为何德国能够很快地补充损失的武器。后来他们发现秘密部分在于位于大不列颠腹地的钨矿。英国人并没有意识到这些矿石的重要性，只是因为它们纯度很低就将之拱手让人。

钨因其韧性很快就成了主要的军事用料。它十分坚硬，用于钢制切削工具后，将制造一个标准钢轴所需的时间从 1860 年的 660 分钟减少到了 1916 年的 40 分钟。钨这样的稀有金属对战争极其关键，以至于英国将对德出口钨宣布为非法。美国当局同样以间谍罪逮捕了 3 个人，因为他们向德国走私了 200 磅钨。

随着战争的继续，德国要进口稀有金属越来越困难，德国人的加工效率因而变得越来越高——使用更少的金属就能达到同样的效果。与此同时，含有钼和钨的合金也在敌国的武器中找到了自己的位置。美国拥有丰富的稀有金属资源，在需要保障材料供应的战时相对于德国具有供应优势。在战争的末期，美国电化学协会（American Electrochemical Society）的主席科林·芬克（Colin Fink）夸口说："在未来的某天，我们或许可以说，是钨使民主成为了可能。"但他没有认识到德国对钨的使用同样也使战争成为了可能。

稀有金属需求因战争和冶金工艺的创新而增长。例如，浮选——将不同的金属从矿物中分离出来的方法——处理的矿产仅在几年内就由每年100万吨上升至每年1.5亿吨。科学家还开发出塑形和熔融钼的新方法，这些方法有助于钼非军事用途的开发，如20世纪20年代早期的轿车及其他工具。

现在，全球每年要消费25万吨的钼。从肥料养分到火焰抑制剂再到润滑剂，钼因其广泛的使用范围有时甚至不被视为稀有金属。现在，它已成为高强度钢材中的关键元素，是世界最高的建筑物如马来西亚双峰塔和中国金茂大厦的支柱。与之类似，凯利·约翰逊的钛现已成为航空技术的核心，同时也出现在绘画颜料和医用植入体中。

这种从刀剑到犁头的冶金路径已存在了数千年，甚至赫梯人发现的低成本的铁所带来的也不只是军事优势，它帮助公民制造出了高质量的工具如锯、钻和螺丝。正如美国创新特遣队（Task Force on American Innovation）所指出的那样："最初以军事为目的的技术转为民用，已成为国民经济和现代生活的主题。"在过去，像钛这样的金属之所以重要，源于它们能使武器更坚硬、更强大、更耐热。而现在，稀有金属使武器更智能。

2013年，我见到了稀有金属贸易商多米尼克·波义耳（Dominic Boyle）。波义耳是个英国人，但能说流利的日语，也会些中文。一个想与客户保持良好关系的贸易商需要掌握这两门重要的语言。事实证明，国际冲突有利于销售。他曾看着锗——他们公司买卖的一种金属——的价格在过去的10年内上涨了3倍，因为亚洲紧张的局势以及中东的冲突和军费上涨使市场扩大了一倍。他在2013年上海金属黄页会议上说，对锗的大量需求会继续下去。锗常被用作光导纤维电缆和高速电路的涂层，不过，最近对它的需求源自国防部门。

锗是飞机、船舶、坦克热成像系统（想想夜视镜）的核心，也是步枪瞄准镜锁定目标不可或缺的一部分。它是一种银白色有光泽感的金属，在红外线下是透明的，它有助于将红外射线转化为图像。它的这些性质就像是专为军事而生的。

美国军方对这些应用的需求在入侵伊拉克和阿富汗后大幅上升，锗的销售量也因之急剧上涨。在国防领域中，美国对用于热成像的锗的总需求从2003年的5000吨增长至4年后的30,000吨。世界上的锗，有近一半被美国消费，有三分之一被用于热成像。2009年，美国国防部花费了近10亿美元来制造夜视镜和热成像武器瞄准器。这还不是美国第一次这样做。

在70多年前的1942年，新墨西哥州洛斯阿拉莫斯"曼哈顿计划"的科学家将稀有金属铀的同位素混合起来制造原子弹。与此同时，另一批受军方支持的研究者也在普渡大学进行着同等重要的研究。他们的目标是改进雷达的性能。

他们检验了锗的性质。锗在当时还是一种鲜为人知的稀有金属，尚未被充分利用。当时使用的二极管在很短的时间内就会燃烧起来，特别是在利用短波长来增强细节的新兴雷达系统中。研究人员试图创造一种能让电荷单向流动的强大设备,就像心脏瓣膜那样让血液流出但不能流回。他们的发现最终会在稀有金属时代引领新电子的潮流。

不同于让电荷在两个方向迅速移动的铜和铝,也不同于完全不导电的塑料和玻璃,锗是一种半导体。普渡大学的研究者发现,如果向高纯度的锗中加入少量的砷和磷,就能制造出让电荷向单一方向流动的二极管,这样就能将交流电转换为直流电,将无线电信号转换为可以听见的声音。

这种看似无关紧要的发现创造出一种比之前耐烧10倍的新二极管。它为晶体管和集成电路打下了基础——半导体对我们现在所用的电子产品至关重要。但回溯至1942年,科学家的目标并没有那么远大,他们只是想探查德国的上空。他们并不知道这会改变我们的生活方式,也不知道锗的需求量会在不到10年的时间里提升10倍。

尽管从战争末期开始美国军方就减少了热成像设备中锗的用量,但潜在的冲突正在刺激着新的需求。"以色列和黎巴嫩的战争爆发时(2006),电话一直响个不停。"稀土磁体制造商托马斯-斯金纳公司(Thomas and Skinner)的副总裁爱德·理查德森(Ed Richardson)说,"他们(制造商)在一个月内就购入了过去一年的消费量,因为他们需要磁体以使他们系统运转起来。"现在,很多军事设备也依赖于大量的资源,这些资源会被摊薄,因为在战时它们的需求会达到高峰。所有这些都意味着,在现代战争中一些最重要的设备实际上距离前线很远。

当前最重要的战场不在导弹和炮火横飞的前线,而在材料科学的实验室中,如加利福尼亚的桑地亚国家实验室、英国航太系统公司(BAE Systems)的实验室等。在那里,研究人员竞相研发新材料,以使自己的国家在未来的战争中取得优势。

已经退休的少将罗伯特·拉蒂夫(Robert Latiff)说:"先进的电子工业改变了战争的性质。"身为二星少将的拉蒂夫还拥有材料科学的博士学位,他相信,了解稀有金属的力量能够帮助美国将武器从"二战"时期的液压和机械武器转变为以电子为基础的、使用了执行器和传感器的新武器,而制造它们则需要稀有金属。拉蒂夫指出,这种类型的战争依靠电子硬件来采集信息、进行侦察。这就意味着,我们不仅需要坚硬的稀有金属,还需要能够有效率地控制电流的其他金属。

"如果没有某些稀有金属,武器性能就会倒退到 20 世纪六七十年代时的水平。"拉蒂夫告诉我。我们现在几乎所有的系统都依赖于稀有金属,"不可想象,没有材料科学的支持我们还能做到(我们作为军队所能做到的这一切)。"

现今最强大的军队,是那些能够占领几乎整个元素周期表的军队。镉碲混合物是放射性探测仪、辎重扫描仪和脏弹探测仪的核心。导弹制导的瞄准和控制系统也含有极多的稀土金属,包括铽、钇和铕。此外,钨还对装甲穿刺弹和击落 GBU-44 毒蛇打击导弹的无人机来说至关重要。

尽管这些新兴材料有着强大的性能，它们也为军队带来了难题——对未发现或美国不生产的稀有金属的依赖。现在美国至少有 25 种不同的稀有金属不得不 75% 以上依靠进口，而在 1995 年这类金属有 15 种。类似于"二战"期间德国的钼和钨都依赖于进口，不断增强的对稀有金属的依赖带来了一种潜在的威胁：在国防需要之时出现稀有金属短缺。

"这种对关键元件和原材料近乎全部的依赖带来了令人担忧的风险。"前准将约翰·亚当斯（John Adams）和政客新闻网（Politico）的斯科特·保罗（Scott Paul）指出，"我们的安全和我们开发未来军事力量的能力取决于不那么可靠的供应国，这些国家在危急时刻不会在意我们的国家利益。"

最大的军事系统常常最易受到稀有金属短缺的威胁，因为这些系统的需求既量大又复杂。美国政府称：在计划的近 50 艘核动力潜艇中，只有 1 艘会使用近 9200 磅的稀土材料；77 艘 DDG51 宙斯盾驱逐舰全部都要使用 5200 磅稀土材料；即将到来的 F-35 闪电 II 飞机，每架则需要近 920 磅，这些稀有金属能使飞行员通过操作连接飞机控制台和飞机元件的电子界面，做到从开启引擎到降落时控制襟翼的几乎所有事情。

还不只是稀土元素。最新的武器系统如 F-35 飞机飞过了整个元素周期表。这架飞机约有四分之一由既能减轻重量又耐热的钛构成；组合整架飞机的螺母及螺栓由强度大且耐热的铍制成；镓有助于加强雷达信号；锂提供了高能量密度的电池；而钽则因其容纳电荷的能力而被置于电容器中，这些电容器被用于激光打靶、控制以及座舱显示系统。

为了降低由于依赖不确定的供应链而产生的风险，美国军方正在评估其资源需求以及对稀有金属供应商的依赖。但探知每种元素、每种合金在每种系统中的每个元件上的表现以及它们的来源，是一个艰巨的任务。拥有 140 万高技能人才的军队，在其武器和计算机系统中使用了市场上可以买到的几乎所有金属。

计算机芯片制造商英特尔需要花费两年以上来理清它的供应链，以确保它所生产的微处理器中没有使用来自刚果的钽——它也是这个行业内第一家这样做的企业。与只检查其微处理器供应链的英特尔不同，美国军方需要评估数百万种元件。这一过程要远为漫长，或许永无止境，因为军方的硬件需要不断地进化。

通过使用更多且不同种类的稀有金属，科学家一直在寻找节约成本、提高现有硬件运行效率的方法。例如，在 M2"布雷德利"步兵战车的舱口使用钛来代替铝，这样既能使战车的重量减少 35%，也能更有效地保护战车。

为了降低资源供应风险，军方正在尝试向更常用的、国内生产的资源转变。但这需要时间。美国政府问责办公室（Government Accountability Office）在 2010 年估计，国防部至少要花费 15 年来改进供应链，使稀土磁体不再依赖于外国供应。然而，拉蒂夫少将对我评论道："我不确定我们能完全摆脱外国供应源。"中国的稀土磁体是最先进的美国武器(包括 F-35)中最关键的元件。面对不断增长的军事需求和有限的原料名单,替代性的选择少之又少。不可能每种应用都能用一种东西来替代另一种。耶鲁大学森林与环境研究学院的托马斯·格雷德尔发现,在他研究的 62 种金属中,没有一种能够找到能替代其原始主要用途的替代品。此外,如图 3 所示,还有 12 种金属的所有特性都没有合适的替代品。既然食品和饮料行业始终不能找到糖的有效替代品,运输行业不能找到油的替代品,期望军事行业替换掉稀有金属也是不现实的。

"从 2 马赫[①]到 4 马赫、5 马赫,这反映了一个全新的(材料)性能水平。"国防承包商 Raytheon 的一位材料科学家告诉我。越来越细的要求意味着军队需要越来越多精炼且高纯度的稀有金属。这里有一个问题:世界上只有少数几家公司有能力精炼或加工满足这种细化要求的高质量稀有金属材料。正如 Raytheon 在其企业杂志上所言:"对更强、更轻、更环保而又更便宜的材料的需求,要远远超过供给。"尽管迫于压力需要使用新材料,军方还是更愿意使用由可靠供应商提供的已被证明了的材料。"军方不喜欢前沿材料。"麻省理工学院交通和物流中心主任约西·舍费说。

"如果你有一种新材料,想把它用到武器系统中,这需要很长一段时间,在某些情况下甚至需要 20 年。"拉蒂夫少将说。原

---

① 马赫(Mach),表示速度的单位,1 马赫即 1 倍音速。

因很简单：如果军方打算为一架新飞机投入数十亿美元，他们就不愿意使用未被证明的材料。既然军方不能迅速转换材料，他们就容易受到资源短缺的影响。但还有其他事情比材料短缺更令美国军方忧心：这个拥有全世界最有效率的军事打击力量（包括无人机、精密制导导弹和雷达设备等）的国家，在未来可能失去其竞争优势。

　　武器制造的各种限制并不是想象，它代表了我们的工程能力，这种能力始于材料科学家之手。从美国大学毕业的冶金专家和材料专家（例如我们在第4章提到过的科罗拉多矿业大学的西兰·安德森）的短缺，或许就是美国军队的最大弱点之一。正如拉蒂夫少将所言："军用材料专家十分关键。"他告诉我，没有他们，美国军事的发展就要依赖其他国家，因为我们必须在将材料用于武器之前就了解它们的能力。提升材料科学的研究能力之所以关键，全因我们的军队不能用20世纪的材料来击退21世纪的威胁。材料科学的重要性不只体现在应对战场的威胁上，它同样体现在应对我们目前所面临的大多数威胁上。

图 3 标示出各种金属可替代性（从 0 到 100）的元素周期表

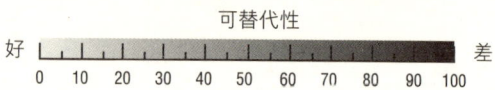

译者说明：方框中元素下的数字表示可替代值。

第 8 章　最强大的军队　175

							He 氦
	B 硼 41	C 碳	N 氮	O 氧	F 氟	Ne 氖	
	Al 铝 44	Si 硅	P 磷	S 硫	Cl 氯	Ar 氩	
Ni 镍 62	Cu 铜 70	Zn 锌 38	Ga 镓 38	Ge 锗 44	As 砷 38	Se 硒 47	Br 溴	Kr 氪
Pd 钯 39	Ag 银 44	Cd 镉 38	In 铟 60	Sn 锡 36	Sb 锑 57	Te 碲 38	I 碘	Xe 氙
Pt 铂 66	Au 金 40	Hg 汞 45	Tl 铊 100	Pb 铅 100	Bi 铋 46	Po 钋	At 砹	Rn 氡
Ds 镈	Rg 𬬭	Cn 鎶	Nh	Fl	Mc	Lv	Ts	Og

Eu 铕 100	Gd 钆 63	Tb 铽 63	Dy 镝 100	Ho 钬 63	Er 铒 63	Tm 铥 88	Yb 镱 88	Lu 镥 63
Am 镅	Cm 锔	Bk 锫	Cf 锎	Es 锿	Fm 镄	Md 钔	No 锘	Lr 铹

资料来源：Source: T. E. Graedel, E. M. Harper, N. T. Nassar, and B. K. Reck,. "On the Materials Basis of Modern Society," in *Proceedings of the National Academy of Sciences*. doi:10.1073 /pnas.1312752110.

第 9 章
可持续的未来

稀有金属时代的环境微积分

稀有金属只是金属中的一小部分,但它们对环境的影响却十分巨大。它们的加工过程常常比铜、锌那样的基本金属繁复得多,它们所使用的溶剂也更多。我们必须了解开采更多的稀有金属所带来的环境影响。因为全球性的环境影响不能按照我们所购买的电子产品进行切分,这也就是说,我们要为开采这些金属所造成的环境影响负责。原田幸明深知这一点。

原田在日本国家材料科学研究所(National Institute of Material Science)工作,他还有着一个詹姆斯·邦德式的职务头衔"拥有特殊任务的高级科学家"。他的工作要比他的头衔更直接。他将生活方式对环境造成的影响制成表格。他是研究产品生命周期的研究员队伍的一员。

电子产品生命周期中的每一步——生产、使用、废弃处理——都会产生温室气体。但是作为消费者,我们看不到温室气体的排放。与轿车尾部短短的排气管不同，高科技生活的长排气管使废气的排放十分隐蔽。我们或许可以设想在我们手中或插在墙式充电器上的电子设备耗费了多少电力、产生出多少温室气体。要知道，这是我们所见的唯一一处用电。然而，诺基亚和苹果发现，充电所产生的温室气体只占它们产品整个生命周期所产生的温室气体的15%。这意味着约有85%的温室气体源于产品的生产、运输和废气处理。这也就是为什么使用旧产品比使用新产品更为环保，尽管新产品改进后的电池看起来能节省更多的能源，充电频率也降低了。为了了解一件产品对环境的真实影响，我们必须考虑从生产到废气处理的整个过程所造成的全部污染。

原田从研究中得知，为了获取少量金属，生产商制造了大量的废弃物。例如被很多人认为是低科技的3克铂金婚戒。为了了解原田所说的"戒指所需的全部材料"，他量化了戒指所用的全部资源：为获取金属而消耗、移动的土壤，为材料加工提供能源而燃烧的煤矿，生产过程中使用的水。按照这种算法，一只3克的戒指需要3.6吨材料。相比之下，生产1吨铁所需的全部材料仅约8吨。但即便如此，生产铂所需要的资源比起其他金属来说也只是小巫见大巫。仅生产1吨锗，就需要12万吨材料。（因为锗是一种副产品，生产它所用到的材料中还含有其他金属。）

据原田所言，将生产1千克稀土元素所造成环境的影响叠加起来，大致相当于1吨铁所造成的影响。尽管得出了这些具体的数据，原田和他的同侪承认，对不同金属所造成的环境影响进行比较是很主观的，因为有些金属的碳足迹很低但对当地的影响很大，比如废液排放或森林采伐。然而，对生产特定数量的某种金属所需的材料进行衡量，确实为我们提供了新的视角。平均来看，工业产品所使用的材料是其自身重量的30倍。但对于环保和高科技产品（如手机、液晶显示器，以及它们内部的元件）来说，该数值可高达几百倍，因为高科技产品要用到许多稀有金属。一部基本款手机重56克，而生产它则需要31千克的资源。

生产稀有金属与大多数开采活动一样会产生酸径流、金属污染、废气排放，有时还会产生放射性废料。生产过程中的每一步都会对环境造成影响——从土地清理到开采时的大量用水。即便是位于偏远地区的矿井本身，也需要建设从道路到排水系统等一系列基础设施。

科罗拉多矿业大学的教授罗纳德·R.科恩（Ronald R. Cohen）解释说，仅是开采的第一步——挖土，就会使硫化物暴露在空气和水中。这种暴露会导致"酸性岩水排放"（亦称"酸性矿水排放"）。开采使岩石表面更多地与水接触，加速了某些相对良性的自然过程，而这种自然过程常常以千年为单位。为了向学生说明这一过程是如何发生的，他将一支粉笔放入水中，让学生估测粉笔与水接触的表面积。然后，科恩将粉笔弄断，告诉他的学生，粉笔与水接触的面积增加了几倍。如若将粉笔弄碎，他解释道，与水接触的表面积会增加几百万倍。正是这些精炼过的矿石和它们与水的接触导致了酸性岩水排放。随着新水不断地与酸性岩接触，硫化物被转化为硫酸，污染了当地数十到数百年的水源。

科恩告诉我，现在美国有一两万条河流丧失了生命活性，因为公司没能防止酸性岩水排放或弥补它所带来的损失。一旦酸接触到了河流，河水就不能用于农业、野生动物甚至工业，因为它会毁掉设备。不到一个世纪之前，从事工业生产的人们发现了酸的问题，他们的解决方式是维修设备。他们开发出不会被水腐蚀的耐酸泵。降低酸排放是一项艰巨的任务，所以工厂还是会将其排入当地的河流。不幸的是，酸排放所造成的损害将会持续几个世纪。低级的开采实践和微弱的监管造成了环境破坏：功能不足的尾矿池导致有害物质泄出矿区，而矿产公司也对矿区的无生命状态置之不理。金属加工也同样有着深层的环境影响。

早在 20 世纪初，日本大阪就以"雾都"而闻名。这很大程度上源于金属加工业的大量排放。日本南部城市北九州城外的洞海湾（Dokai Bay）就曾以"死海"为名，因为水底潜藏着源自铁、钢和电子产业的黄绿色化学物质和废料。监管的松弛不仅影响了环境，还给人民带来了巨大的伤痛。在 20 世纪 30 年代，铅锌冶炼厂的镉泄漏至富山县的水源中，并渗入该区域的稻田。当地数百位妇女都因食用了富含镉的大米而忍受巨大的疼痛，因为毒性已渗入她们的骨骼，并使骨骼软化。有些妇女还患上了永久性驼背。这种疼痛甚至被称为"痛い痛い"（意为"疼啊疼"）。尽管该事件和污染遗留问题性质恶劣，日本还是花了许多年才解决相关环保问题；他们将金属加工的部分程序转移到其他地区，并为自己的矿井设置了严格的环境监管要求。

向更清洁的金属生产手段转变，是一个全球性的运动。实际上，它源自20世纪60年代末到70年代在西方出现的环保意识。对环保立法的恐慌，特别是在美国，迫使许多企业开始最小化他们对环境造成的影响。企业开始接受国际环境标准。推动清洁开采并不只是出于伦理方面的考量，经济因素也不容忽视。随着水、能源和燃料成本越来越高，提高利用效率不只对环境有益，对生意也有好处。

然而，在矿产公司越来越有环保意识的同时，矿产开采也面临着越来越多的环境挑战。新建的矿井往往更加复杂，因为矿产埋藏得更深、更分散，品位也更低（晶体越来越小），也就是说，需要采用更加资源密集的加工方式。现在，要生产同样数量的稀有金属，我们不得不排放更多的二氧化碳来为开采活动提供电力，之后还会产生更多的废料（包括化学物质和尾料）。

在很多情况下，废料越来越多是因为矿工不得不挖掘得越来越深。随着矿石中金属含量的下降，矿产公司生产同等数量的金属就需要加工更多的矿石。一项研究指出，随着铜矿品位由3%降至0.5%，生产同等数量的铜所需的能源增加了5倍以上。

现在，对许多矿产公司来说，真正的挑战不仅在于处理当前作业所造成的环境恶果，还在于克服他们早先对环境的忽视。金属行业过去的恶行常常阻碍了当今稀有金属的开发。

1982年,在马来西亚西部丛林的边缘,三菱商事(Mitsubishi Corporation)开始联合经营加工独居石——一种含有稀土元素但同时也含有大量放射性元素的矿物。当地人抱怨该公司将废料丢入塑料袋,放置在一个开放的地点,并鼓励他们将这些材料用作肥料。1985年的一则报道显示,该公司将放射性废料丢弃在工厂外打开的鼓状容器中。

邻近城市——红山的居民抱怨精炼厂使放射性污染居高不下,且与许多罕见的疾病有关。1.1万居民声称,三菱应对当地不断增加的罕见病例(包括在5年内出现的松果腺肿瘤和8例白血病)负责,而此前该地从未出现过这些病例。三菱在1992年的官司过后关掉了它的工厂,并花费了1亿美元对该地区进行清理——掘地7.5米至基岩挖出放射性土壤。该企业为当地的学校提供了15万美元捐款,但却否认自己在污染方面的责任。

该厂不只遗留下了放射性的问题,还为后续进入的公司留下了不良的投资环境。2011年莱纳斯公司(Lynas Corporation)试图在该国开设稀土加工厂来加工从澳大利亚运来的矿石时,仍会被三菱的声誉所困扰。当地人觉得他们被当作倾倒澳大利亚放射性废料的垃圾场,就像他们曾经被当作日本的垃圾场那样。实际上,与红山类似,澳大利亚早在20世纪80年代就已出于环境和健康考虑拒绝建造稀土加工厂。似乎因在澳大利亚开设工厂存在困难,莱纳斯公司才被迫来到了马来西亚。

尽管莱纳斯得到了马来西亚政府的保证可以开始加工，尽管莱纳斯推出了额外的安全预防措施，环保行动主义还是差点扼杀了这个项目。该公司发现，要获得政府颁发的作业许可证越来越难，因为政府已被环保团体包围，即便运往新厂的矿石所产生的放射性材料仅为三菱当时产生的放射性材料的三十分之一。

为了避免新项目遭遇类似的反对，各家企业现在每年要花费数百万美元来配合环境监管。总部设在加利福尼亚沙漠中的稀土生产商莫利矿业花费了15亿美元开发出最先进的系统来保护水资源并循环利用废料。但没有哪个系统是完美的。莫利矿业在2014年还是被指控对危险废料管理不足。甚至是获得过加拿大探矿和开发人协会（Prospectors and Developers Association）环保奖的泰克资源公司（Teck Resources），最近也被披露其子公司将固体废弃物和废液排入哥伦比亚湖，污染年限超过了一个世纪。

减少水用量、重复使用酸液而不是将之倾倒到周围环境中，这是符合一家公司的自身利益的。但公司要有效率地生产就必须花钱：要回收高质量的酸液和水，需要配置昂贵的设施。这些额外的费用已成为莫利矿业和其他稀土生产商的负担。

科罗拉多矿业大学的科恩相信，如果消费者愿意分担部分成本，金属的加工就能做到更尽责。如果环保带来的经济收益并不明晰，要维持开采的清洁就只能靠企业自身的伦理要求和政府监管的强力实施。在某些地区，这两者都是稀缺的。

许多人认为，重复使用产品而不是开采新材料才能拯救我们的环境。金属本质上是被借用在产品中的，它们很少像石油或煤炭那样被消费掉。一台使用了两年的 iPhone 比一台新 iPhone 的金属含量稍高，因为随着时间的推移，金属的使用效率略有提高。所以我们的任务是找到一种途径将旧 iPhone 中的金属清理出来，让它们在新产品中发挥作用。虽然金属的回收会减少开采所带来的环境影响，但回收同样需要耗费能源和资源。这样做往往会比提取新金属要好，但也不是没有消耗的。

"我喜欢废弃物。"在纽约中央车站附近的一个酒吧中，大卫·古萨克（David Gussack）一边喝着啤酒一边对我说。那是稀有金属学会一年一度的欢乐聚会。在名片上，大卫的头衔是"冶金专家"。他是一个回收者，从使用钽、铌的制造商那里购入金属废料。他将这些废料重新加工成可供贩卖的材料，再返销给这些公司。他的加工厂坐落在弗罗里达庞帕诺比奇收费公路的旁边，面积仅为 3.5 万平方英尺（约 3252 平方米）。

古萨克问我是否知道什么是溅射。他解释道，溅射是一种为目标物体镀制金属涂层的工艺。溅射会浪费些许材料。想想杰克逊·波洛克（Jackson Pollack）的画，各种各样的颜色被喷涂上去。这种工艺能够创造出艺术品，但也会把周围搞得乱七八糟，许多颜料都会残留在墙壁和地板上。古萨克的工作与波洛克在画室的工作类似——掀掉地板，拆掉墙壁，把上面的材料回收回来。

他从这项清洗业务中赚钱。古萨克收集这些材料——可能是钢屑也可能是泛着泡沫的液体——并将它们转换为可以使用的金属。他的公司靠此每年可赚几千万美元。他的工作同样是为环境服务，因为人们需要开采的矿石减少了。古萨克的业务对制造商有利，他们是共生的合作伙伴，在彼此之间进行着买卖。

现在，稀有金属废料的价值在不断提升，制造商因此也改变了高效利用材料的思路。英国的铂金属精炼厂庄信万丰（Johnson Matthey）规定员工在离厂时要清洗双脚，他们每年由此收集的金属粉末足以购买一辆高配的大众车。

这种工业回收对环境的发展有益，却也昭示着制造工艺的内在低效。正如第4章所写，材料会在金属的生产过程中流失，在产品的制造过程中也是如此。就拿稀土磁体来说，材料在切割和塑形的过程中会损失15%~50%。美国阿诺德磁技术公司（Arnold Magnetic Technologies）的史蒂夫·康斯坦丁尼德斯（Steve Constantinides）告诉我，从20多年前他刚入行到现在，废料所占的百分比有少量提升。一方面，制造商在制造工序上浪费的材料更少，而另一方面，这些制造商现今所需的磁体比以前尺寸要更小、塑形要更精准，磁体厂家所面临的挑战也因此越来越难，废料因此增多。

古萨克从工厂中收获了大量资源。与此同时，在1.2万公里之外的地方，日立也在进行着另一项努力。他们的努力对改变资源的使用至关重要。这家公司的生态循环设施坐落在东京湾边上的一片由回收物填埋起来的土地上,这片土地诞生后仅过了一代人的时间。他们的工作——"废物循环"(post-consumer recycling),就是将我们丢弃的塑料、空调和电脑转变为可用之物。显然,生态循环并不能挑拣和选择所回收的物品,它比古萨克的工业循环更为复杂且效率更低。

2011年我访问日立的生态循环设施时,主管告诉我,他们循环利用了他们所收到的95%的东西。他认为,循环还包括将材料中有用的部分制成球丸燃料用来发电。东京财团(Tokyo Foundation)的分析师平沼光将循环称为"城市采矿"(urban mining)。平沼估测,日本的银、金、铟等金属更多地存在于遍布全国的电子产品中,而不是储存于全球各地的矿井中。他相信,收集这些资源对日本的未来非常重要:会让这个国家更加环保、资源安全性更高。不过,要把手机和LCD屏幕中的金属重新提取出来可不像动动嘴皮子那么简单。

仅仅是通过"城市采矿"——回收iPhone、空调和电动牙刷——来获取未经加工的材料就足够令日立这样的回收方感到头痛了。在日本,几乎人人都有回收意识,他们甚至会在放入回收箱之前先撕去塑料瓶上的标签。即便在这样的国家,也只有10%的个人电脑被回收。资源的浪费当然不只是日本人所关心的。这是一个全球性的主题。根据美国环境保护署(Environmental Protection Agency)的统计,在iPhone问世的第二年,也就是2009年,美国共丢弃了240万吨电子设备中的75%,没有任何形式的回收。而回收的第一项障碍常常就是把产品递交到回收方的手中。

肯·德金格（Ken Deckinger）与大多数美国人没什么不同，除了他创建了几家成功的互联网公司。在他跑去升级自己的iPhone时，他并不知道手机运营商会为他的旧手机支付200美元。以前，德金格会把这些手机和大多数电子设备一起丢进垃圾堆，剩下的旧MacBook和Thinkpad则会捐出去。事实是，即便是最精明的技术咖也不会重复使用或循环利用那些过时了的电子设备，因为他们不知道哪里能回收、应该怎样做。

2014年，EcoATM的一项调查显示，只有22%的美国受访者会将自己旧手机或平板电脑循环回收。尽管大多是美国人相信回收对环境有好处，但只有不到一半人会考虑把电子产品送去回收。其他调查显示，有一半人不知道哪里可以回收这些电子垃圾，也不会考虑这个问题或不知道电子垃圾能被回收。大部分人会把旧iPhone当作备用手机或送给别人。人们抱怨把它拿到回收点很麻烦——如果他们知道回收点在哪儿的话。这种意识和动机的缺乏破坏了电子回收，因为它们减少了供给，从而使投资者不愿为回收投资。本质上，从环保的角度来看，人们做出了最坏的购买决定：购买新的电子产品，同时又保留了旧的。

由于稀有金属存在于诸多不同的产品之中，对其进行收集和归类就需要严密的组织，而这又会增加回收的成本。耶鲁大学森林与环境研究学院专门研究金属生命周期的研究员芭芭拉·雷克（Barbara Reck）说，由消费者分类并进行回收的大多数产品都不能直接进入金属的提取和再加工工序中。我们的废物管理系统是失效的。一个简单的事实是，大多数高科技产品都没有进入回收和循环。

悲剧的是，回收物中的稀有金属含量比矿井中的矿石还要高。例如，仅需28吨电池就可以制造出1吨的锂，若使用智利锂矿中的土来制造同样多的锂，则需要1250吨。回收公司所面临的挑战是找到大量的材料并进行回收。据估计，日本95%的电池最后都被填埋了。

回收就意味着减少开采——这是一个巨大的环保进步——但回收本身也会产生垃圾，因为循环回收就是一个加工金属的过程。酸液、发电、从终端用户手中回收产品并运往不同的加工厂，这些都会产生废弃物。

在日立，员工身着深蓝色衣裤、白色安全帽、面具和黄色手套在拆卸流水线上耕耘。他们用钻和锯粉碎、切割和拆卸冰箱、空调和电脑。尽管回收是个复杂的过程，但它的第一步十分原始——将塑料与金属分离开来。"这是最简单的一步，"耶鲁大学的芭芭拉·雷克告诉我。她注意到，回收方最关注铜、铁这样的金属，因为它们的量最大。

通过拆卸产品获取金属的直接方法很少。产品表面上有涂料，部件由合金构成，嵌有铆钉，涂有黏合剂，安装了螺钉。15种不同设置的LCD屏幕共需要250颗螺钉。手工拿掉它们需要耗费大量的人力和时间，成本因此也就很高，尤其是在日本这个员工工资较高的国家。最近，日立发明了巨大的转向轮来拆卸硬盘、加速流程。工人们将大块的金属和塑料分类拆解，放入不同的塑料箱中。这项工作困难重重，因为许多金属实际上看起来都差不多。例如，一块浸涂了镍的钐钴磁体看起来就与钕铁硼相同。移除较常见的金属后，接下来工人会提取那些价值高的金属，如金、银及其他贵金属。以日立为例，他们会把这些材料分派给另外的工厂进行处理。回收工作常常就到此为止了。雷克说："平均来讲，我们最多能获取六七种金属……还有35种没有处理，即便是在最佳的情境下。"

部分原因在于，没有一种工序能提取并分离所有可回收的金属。实际上，产品的各部件必须通过不同的回收线。就这种处理方式而言，提取一种金属就意味着要忽略其他的金属。例如，稀有金属一旦被熔进了铝或钢中就很难被提取出来。此外，全世界只有很少的冶炼厂有能力提取硒、碲这样的元素。即便是这样的厂家也不能提取所有的元素，因为人们不可能将一部iPhone中所有的金属都回收回来——世界上最先进的回收厂也只能处理约20种金属。实际上，有近三分之一的稀有金属，其回收率还不到1%。

要把稀有金属从产品中提取出来，费用十分高昂，所以它们常常被粉碎，最后不知所踪。结果只有价值最高、提取最易的元素能够进入回收链。冶金学家已经花费了几个世纪来完善从自然矿石中提取金属的方法。但回收——加工复杂的"人造矿石"——要困难得多。产品（如电池和钢材）中金属的组合是远比自然界中各种金属有限的组合方式更为复杂的合金，因此，以我们现有的系统，想要有效地回收它们是不可能的。

此外，每种不同的智能手机、电脑以及其中的元件都有着独特的金属构成。所以回收电子垃圾的回收厂并不知道从某批废品中能够恢复多少金属。几乎没有公司在不知道确切价值的情况下还要收集这些废料。在很多地方，回收厂仅专注于回收几种元件。

对大多数产品来说，提取其中的稀有金属根本不能赚钱。正因为如此，美国没有一家工厂会回收稀土磁。即便是金子，回收的低效（回收率仅为 15%～20%）也只会让我们选择将之丢弃。即便是世界上最先进的回收厂优美科（Umocore）也曾表示自己最多只能回收手机里的 60 种金属中的 20 种。

我问雷克回收究竟有多环保，她想了一下说："这里面有太多不确定因素。它取决于金属的种类以及获取的难度。"一方面，她和她的同事格雷德尔注意到，能源方面的节省要大得多："不同形式的金属及其废弃物，可节约的能源消耗量从 10 到 20 倍不等。"

许多高科技"魔法"中都包含有毒的材料，而这使回收的环境后果十分复杂。电池这样的设备很不稳定，对其进行加工有爆炸的风险，还会排出危险的化合物，所以对于某些金属来说，直接处理掉要比进行回收成本更低。不幸的是，大多数电子废弃物的回收并不会终结于工厂，它们常常被抛弃在遥远的地区如印度和加纳的垃圾场。在那里，人们焚烧电线、点燃电路板，并用强效的化学品如氰化物把金属过滤出来。这种做法不但危险且会危害环境，还缺乏效率。

对环境的确切影响还取决于所采取的预防措施。例如，在许多亚洲国家，很多精炼厂没能采取必要的预防措施（如对废气进行管理），给环境造成了沉重的负担。设计一个环境友好且复杂度高的精炼系统以满足我们高科技的生活方式还需要很多年。正如雷克所指出的那样："对于许多稀有金属，人类甚至还没有开发出相应的回收技术。"

尽管回收再循环会降低我们对新开采的材料的需求，但需求并不能完全消除。原因有二：第一，即便我们有幸收集了 80% 的电子垃圾，还是会有一定比例的金属在拆卸和冶炼的过程中消失，就像在开采和加工的过程中我们会失去一部分金属一样。即便每一步骤只失去 20%，我们也只能获取 50% 的金属。

第二，就算有了高效的回收系统，也没有足够的稀有金属等着我们去回收。很多稀有金属含量大的产品——如风力涡轮机和电动车——还在使用中。甚至到了 2030 年，若没有取得突破性进展，回收也只能满足特定材料（如稀土元素）10% 的需求。因此，回收可以略微降低人类对新开采的稀有金属的需求，然而世界各地的开采工作并不会停止。

要使我们的生活更加环保，主要的障碍就是，我们倾向于将稀有金属供应链——开采、加工、制造、使用和回收——的不同阶段切割开来考察，而不是将它们视为相互连接的活动。针对某一阶段的生产决策会影响接下来的步骤。认清这些活动对彼此、对国家、对公司乃至对公众的影响，可以令资源的利用更有效率。

矛盾在于，稀有金属尽管对制造环保产品来说十分关键，但它们同样也会对环境造成显著的影响，而要最小化这些特定的影响，人类还得战胜重重挑战。但若能拥有更高效率的生产和更有效的回收系统，让世界更环保就不是遥不可及的目标。我们在最后一章将会讨论这一问题。

然而，为了达成这一目标，各国必须排除政治争议，提高市场的效率，并将稀有金属资源看作具有全球性的商品。这个要求对各国来说可能过高了，因为它们已迷失在短期的地缘政治担忧中了。

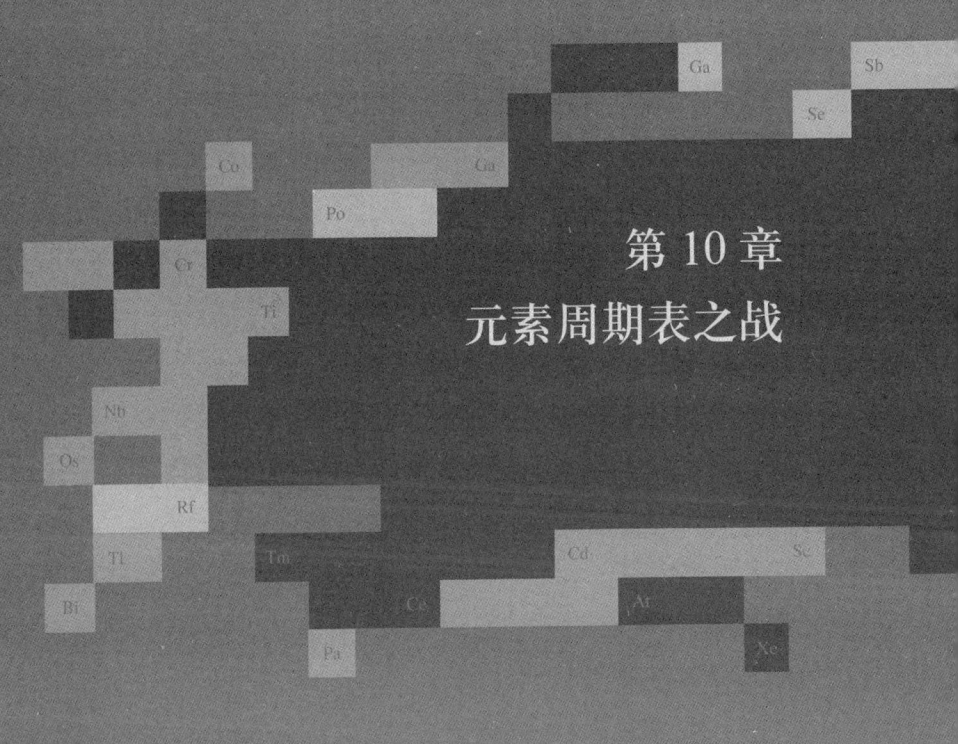

第 10 章
元素周期表之战

2013年8月，超过500位中国科学家和政策制定者连同一些零散的外国研究者齐聚第二届中国稀土峰会，该峰会在中国南部省份江西省召开，那里是稀土生产的核心区域。会议的官方语言是汉语和英语，但只有几场报告配有翻译，而且行业和政府官员之间的会议只用中文主持。

许多中国之外的稀土研究和会议都专注于寻找方法以降低对中国稀土的依赖，中国稀土峰会的参与者并不关心这一点。实际上，他们想要找到增加使用量的方法。一名研究人员甚至强调用稀土代替橡胶。这是中国所考虑的问题，因为中国是世界最大的橡胶进口国。这种关注点的差异反映了生产垄断性资源所带来的收益。

近年来，美国科学界并没有举办过相同规模的稀土会议，因为很少有人研究稀土，甚至只有一所大学开设了稀土专业。此外，

2010年美国共有 1500 人从事稀土行业，而上溯至 20 世纪 70 年代，从事该行业的有 25,000 人。也就是说，要举行同等规模的会议，要整个行业中的每个人都去才行。这强调了元素周期表之战中的一个显要的方面——战争的当前位置。

因为中国及其邻国日本和韩国都是最大的稀有金属消费国，元素周期表之战压力最大的地方是在亚洲而非西方。在西方，高科技和环保产品的制造厂家数量要少得多，尽管美国和欧洲是稀土产品的最大消费地。制造基础的缺乏就是许多西方国家对这些资源知之甚少的原因。相较之下在日本，稀有金属常常出现在新闻首页。玉米价格之所以在艾奥瓦州非常重要而在纽约很少会成为谈话的主题，也是出于同样的原因。

世界上大多数政府都将北京对稀土市场的引导视作政府对未来稀有金属收益的控制性手段。如果在主办城市南康到处看看，你可能会觉得他们的论点存在一定的合理性——政府的配套支持巨细靡遗。高速公路的出口意外地结束于长满绿草的小山边，六车道的大道上车辆寥寥，正在施工的高楼大厦上垂着巨网，空白的指示牌正等着被占用。然而北京并不过于关心稀有金属的直接收益。他们有着更重要的考量。

政府更看重自己是否有能力保障本国有足够的资源来满足不断增长的来自高科技和环保产业的需求，而这些产业能够创造就业。中国稀土学会原常务理事张宏江说："稀土行业的规模很小，但对国民经济的贡献很大。"中国所面临的风险很大，地缘政治方面的资源之争仍会继续。

中国之所以能够主导稀土元素的研究生产,并生产出世界上 40% 的稀有金属,原因并不仅在于政策支持。它还是地质资源丰富、国家长期关注发展制造业的结果。资源依赖型国家担忧的是,要寻求自身的经济利益和地缘政治优势,就必须追随中国的领导,在市场上争取更大的存在感。

2014 年,内蒙古科技大学帮我订了机票飞往包头参加一个稀土会议。当时我以为这所大学会邀请我们访问白云鄂博的矿区或包头城外的尾矿池。毕竟邀请了稀土领域顶尖的研究员到世界上最大的稀土矿产地却不向他们展示矿区,就好像到了巧克力大亨云集的宾夕法尼亚州赫尔希,却不访问巧克力工厂一样。没有访问矿区,会议组织者却安排了沙漠越野车带我们去参观成吉思汗陵。在中国,地质数据是国家机密,调查行业数据可能构成犯罪。

外界对市场信息一无所知,因此不能有效率地满足自己的资源需求。很少有人想要投资该行业,因为市场数据未知,政策风险也很大。尽管这种情况会阻碍投资,但这正符合北京的长期战略。

北京用稀有金属来吸引外资,各国的技术也因此被带到中国来。中央政府希望实现产业升级。在某种意义上,北京正在重塑其行业发展模式,从开采服务向高科技领域发展。

中国在 2001 年加入世界贸易组织(WTO)之后,就开始遵循国际贸易惯例。十几年来，中国努力将社会主义市场经济体制与国际贸易体系平衡起来。在这段时间里，全球贸易迎来了全面繁荣。

尽管许多国家感到中国对稀有金属市场的控制加强了，中国自己却不如此认为。中国有色金属工业协会的副会长王琴华指出："我们在世界稀有金属市场上的影响力不足，我们不能获得应有的收益。"她希望中国能够重新调整以便更好地捕捉不断增长的市场价格，从而在国际市场上赢得更大的影响力。针对这一点，该国很多战略都在关注引进外国的技术。而这又令日本的贸易官员感到紧张。

为了防止日本的技术企业流向中国，东京官方向每家公司拨款7000万美元用于开展节约稀有金属和稀土的项目，表面上看是要激励将制造厂商留在日本。但政府方面也知道，财务上的激励和压力就只能走这么远，商业利益才是起决定性的一方。正如一位日本贸易官员对我评论的那样："要想让一种技术永远留在日本是不可能的。"

对日本来说，许多事情都处于紧要关头。仅在2011年，这个国家就花费了10亿美元来减轻自己对中国稀有金属的依赖。作为一个材料依赖于进口的岛国，日本在几十年前就已学到，建设具有弹性的资源供应链对于经济稳定和区域安全至关重要。

下面就是一段简史。20世纪上半叶，资源稀缺的日本列岛寻求自然资源来满足自身发展的需求，导致整个亚太地区爆发战争和冲突。该国军队侵入中国、朝鲜、印度尼西亚和缅甸寻求资源，在第二次世界大战中点燃了战火。

2010年的稀土之争加强了日本多方面的忧虑。首先，他们担心中国会利用稀有金属贸易作为地缘政治的武器，再一次减少出口。第二，他们害怕大批企业离开日本，到资源价格较低的中国建厂。第三，随着企业的流失，日本当局害怕会失掉本国的技术，因为国内的创新会减少。二者又会导致中日双方出口的直接竞争。例如，该国的电子产品的出口总额约为1200亿美元，在历史上占出口产品总量的15%~20%。"我们的工业有赖于这些材料，这是一个竞争力的问题。"一位官员告诉我。

所以在这种意义上，尽管现在的价格要远低于2011年，供应看起来很丰富，对未来资源的不安全感始终困扰着日本的政府和企业。国内资源的匮乏让他们感到束手束脚。另一位官员评论道："要获得稀土，除了中国我们没有其他选择。"钨、铟、锑也是如此。

为了避免对中国的过度依赖，日本对稀有金属的战略目标是提升可持续的全球稀有金属供应链的可用性，并使企业放弃那些供应风险最大的稀有金属。该计划有四个支柱：通过投资和外交来保证海外资源供应、循环回收、开发替代性材料、囤积。

东京为像佐川真人的Intermetallics这样的公司提供了几百万美元的资金支持，用以开发新方式移除磁体中的镝。此外，政府还为大学提供资金,培养矿产方面的骨干科学家和工程师。政府还在 2011 年为莱纳斯公司(Lynas Corporatio)提供了 3.25 亿美元的贷款,帮助他们在马来西亚和澳大利亚设厂。

日本努力为开发新矿提供资金,尽量有效率地进行回收并增加供应,然而我们尚不能确定他们这些努力是否真能增强资源的安全性。这些努力需要慢慢推进,即便日本成功完成了回收目标,2025 年,回收的稀土也只能满足该国 10% 的需求。

此外,我们还不能确定该国的这些目标在危机时期是否仍能奏效。例如,日本的国民目标是要保障至少有 60% 的稀有金属由日本的贸易企业进口。但按照一位日本制造商的说法,这项政策"毫无意义",因为日本的公司会为满足自己最大的商业利益而行动,而不必遵从国家的要求。

目前日本拥有资金最为充足的稀有金属安全战略,与此同时,其他国家也做出了类似的努力,尽管各国关注点有异。欧盟致力于撰写研究,以及减少稀有金属部门的贸易壁垒。美国同样关心贸易的公平性,但它更注重为其军事部门无障碍地提供稀有金属。许多国家出于经济原因囤积金属,不过美国军方囤积它们是出于军事目的。

真正的挑战在于评估这些战略的有效性,因为它们中的大多数都是长期的——研究成果和贸易政策的调整需要花费数年来评估。不过很难想象每年数千万美元的研究投入和大量的储备物资能让各国与无处不在的风险绝缘。同样很难相信这些国家将资源供应视为风险,毕竟,正如我们在第 8 章曾提到的那样,美国政府早在 20 世纪 50 年代就已向钛研究投入了近 2.5 亿美金,金额已超过该国在过去几十年对所有稀有金属研究的投资总额。

在过去十年里,全球最重要的经济体和许多关注资源的智囊团都发表了有关稀有金属的研究。尽管假设和研究方法各异,这些研究大都从两个维度来检视临界风险:特定材料对一个经济体的重要性,以及供应中断发生的可能性。

将过去 10 年所有已发表的研究报告中列出的风险综合起来看,我们就会发现,元素周期表中有超过一半的元素至少对某个国家来说"处于临界状态"。美国害怕铽短缺,欧洲认为锑有风险,英国为钨——在第一次世界大战期间他们曾向德国出口该种金属供其置办军备——而焦虑。只有一小部分或 40%(不同的研究者的观点不同)的材料被视为"处于危险状态"。结论的差异是由研究设计、风险评估假设的差异造成的。这些莫衷一是的研究结果对政策执行者和公司决策层来说参考意义不大。

一些研究者害怕碲这样的元素出现供应短缺,因为这些元素本身就很稀少;而另一些研究者则注目于存在市场风险的铌和缺乏替代品的镝。但这些评估究竟具有多大的现实意义?

这些视角千差万别的研究并不能帮我们形成一个一般化的概念,即究竟哪种金属正在面临短缺。正如一则批判性评论所言:"研究方法并不成熟,对于所有以保障未来材料供应为终极目标的机构来说，这些结论未必能有助益。"而这，在很大程度上要归咎于材料供求数据的缺乏，正如我们在前面章节所提到的那样。

美国能源部在其《关键材料战略》(Critical Materials Strategy)中指出，不能使用传统的经济模型或分析方法来预测关键性清洁能源的供给与需求，因为要预测未来的技术突破难度很大。即便不是不可能，我们也很难推测出未来两个世纪里我们建造的风力涡轮机、太阳能电池板、潮汐能系统的类型与数量，以及将要消费的资源。实际上，研究机构过去也没能预测出那些更"没悬念"的资源（比如煤炭）的需求量。

煤炭需求量应该是可预测的，因为煤炭有很大一部分被用来发电。需求量是所有燃煤发电厂的发电容量和经济增长预测值的函数，而经济增长得越快，煤炭的消费量就越大。尽管预测煤炭需求量轻而易举，国际能源总署还是大大低估了 21 世纪头十年的煤炭用量。2004 年，国际能源总署认为世界煤炭消费量将以每年 1.4% 的速度增长，并在 2030 年达到 3600 吨油当量。然而到了 2011 年，人类消费的煤炭就已经达到了 3700 吨油当量。既然连人才济济的国际能源总署都不能预测煤炭的需求量，那么人们对每种稀有金属需求量的预测充其量也只能算作猜测，因为人们对这些材料的了解程度远远低于对煤炭的了解，人们甚至不知道要在哪里开采、如何加工。

罗伯特·贾菲(Robert Jaffe)是麻省理工学院的一名理论物理

学家。2011年，美国物理学会和材料研究协会联合发表了一篇名为《确保为新兴技术提供材料》(Securing Materials for Emerging Technologies)的报告。作为报告的联合主席，罗伯特·贾菲很难让充满疑虑的法律制定者相信美国不需要这种保证，即不依赖于其他国家就能取得所需的矿产。咖啡、香蕉、藏红花这些东西，美国无须依赖其他国家就能获得吗？贾菲问我。"谁也不靠就能拥有所有这些食品，这简直是天方夜谭。"他对我说。它们贵，是因为"香蕉在这里不能生长"。

言之有理。美国消费的海产品，有86%依赖于进口，即便美国控制的海域比世界上任何国家控制的都大。但美国人并没有吵嚷着要"鱼类不依赖"。只要该国拥有可靠且便宜的海产品供应，这些海产品源自何地又有何相干呢？那么，在金属方面，我们又为什么必须不依赖于他国呢？贾菲深表怀疑。这是一个没有明确答案的问题。

贾菲并不是不关心未来稀有金属的供应问题。2011年稀土危机发生时，他曾称稀土为"时下的宠儿"，因为只有这一系列稀有金属夺走了所有人的注意力。除了稀土，贾菲还担心其他重要材料(包括碲、锗、锂)的供给。"许多其他元素迟早也会出问题。"2011年贾菲在国会上说。

贾菲认为，要美国靠本土开采来解决资源安全问题根本就是天方夜谭。但他也反对美国民粹主义者长期夸大资源独立性。美国谋求资源自给的现实令人回想起冒险家向地大物博的西方大陆寻求自然资源的历史。美国人一直没有从外部获取资源的经历，直到20世纪初情况才发生改变。

现在，美国仍旧有心寻求自给自足，并成为比其他国家物资更丰富的国家，但它对自由市场的信仰却难以撼动。配置资源和资本的是市场，政府无权选择赢家。这就是为什么2011年太阳能电池板制造商索林佐（Solyndra）在收到联邦政府的补贴后仍旧破产了，时任总统的奥巴马在国会甚至受到了保守派的攻击。现在，美国的政治家们必须做出艰难的抉择：是要资源自足，还是要自由市场。

在没有政府干预的情况下，投资会流向具有最大生产潜能的矿床。对于许多金属来说，这样的矿床并不在美国。寻求自足就得付出额外的努力，贾菲指出。但国会中那些相较于经济更关注国家安全的政客们对他的论调却充耳不闻。

尽管美国军方所使用的稀有金属数量有限——只占全美稀土总消费量的5%左右——军需仍旧是美国资源政策论战的主要推动因素。"究竟什么是战略性关键材料？我们一直没能就此达成共识。但我们都在密切关注中国的动向。"自然资源委员会的一位会员这样告诉我。他补充道："矿产问题很难在国会引起注意，除非出现安全威胁或短缺危机。"

国会利用人们对稀有金属供给的关注，把有关开采、环境和国土使用的长期论战一提再提，但却没有进行自然资源安全方面的立法。实际上，国会甚至连定义何为关键材料的工作都不愿去做。众议员多克·海斯廷（Doc Hastings）指出，这一定义可能会使基础材料如沙土和碎石不能被用于防险建筑物。

国会按兵不动，政府也只是在推动替代性材料研发、加强稀有金属市场研究、增加防御物资储备等方面稍尽绵力。令人炫目的论争和保障稀有金属供应方面的粗糙政策大都会因小失大。稀有金属种类繁多，且适用于无数种元件的金属，精炼品位各不相同，因此，要保障稀有金属供应非常困难。

为了满足不断增长的需求，世界需要一个更有弹性的稀有金属供应链。要降低对稀有金属的依赖性就意味着要向资源自足的国家割让机会。而这会带来深层的经济影响。

贾菲提出警示："关键资源的短缺会严重阻碍我们采用那些能改变游戏规则的新兴能源技术。而这反过来又会限制美国工业和科技企业的竞争力，最终降低人民的生活水平。"这些都会对一国的长期经济健康产生更深层次的影响。

卡内基·梅隆大学的3位研究者发现，在稀土工业转移至中国以后，美国的稀土磁体的创新性研究已经渐渐落后。原材料的供应被切断，美国研究者已不大可能继续开发稀土材料。与此同时，亚洲国家的专业技术会有所提升。

我们不应忽视，研究性岗位最终会向拥有最具技术前途的材料的国家转移。这是一个很大的经济问题，因为稀有金属是未来可持续行业如环保行业的核心。

1986—2013年，美国颁发的专利中有4%涉及稀土。加上与钼和钨有关的专利，数量大约会翻倍。从事相关工作的人员太少，美国正在失去开发自身资源的专业优势，并将未来科技进步的先机拱手让人。

美国的大学也未着力打造稀有金属时代的科学家。锂提取公司森伯材料（Simbol Materials）的创始人卢卡·埃尔采格（Luka Erceg）表示，由于美国没有大学提供地热能学位，为了找到合格的员工，他花费了将近 1 年时间。

美国的核工业已经见证了自身的衰落，它在 20 世纪 80 年代初期失去了全球领先的地位。曾经的技术龙头现在正在努力再现昔日的荣光。日本也面临着同样的问题。它正为失去在玻璃抛光（制造高端镜头的关键技术）领域的尖端位置而痛心疾首，因为很多企业都出于对稀土短缺的担忧离开了日本。日本对中国 2010 年的稀土禁运迅速地做出了反应，因为日本是世界上最大的稀土进口市场，其高科技和重工业都依赖于此。相反，缺乏高科技制造业的美国似乎要采取有力措施。

事情正在发生改变。美国正开始将制造业重新拉回国界，或曰"再到岸"。2004 年以来，苹果公司在 2013 年第一次决定在得克萨斯州生产电脑。其他公司如通用电气和卡特彼勒紧随其后。实际上，波士顿咨询集团在 2014 年的报告中揭示，有 16% 的大公司重新将制造业拉回美国，比两年前翻了一番。随着更多的科技制造业和环保科技公司迁回美国，华盛顿就能像东京一样明白稀有金属供应链不断上升的重要性了。

面对不断上升的稀有金属需求，政策没有直接做出回应，也没有不计代价地推进国内的资源生产。正如贾菲的报告所说，"如果国外的资源分散于各处，并能以比国内低的价格提供给我们"，依赖进口对美国来说就是有利的。报告总结道，美国须朝乾夕惕，因为如若只有几种绿色能源产品成功，那么，地质上的稀缺、发展供应链所需的漫长时间，以及加工稀有金属所需的复杂方法就会转化为资源的短缺。

"历史赞成我们去寻找新的供应。"贾菲告诉我。他的意思是，当金属价格高企时，投资自然就会流向新的矿床。"但是我很担心，这一论点对这些材料来说不适用。"

确实如此，除非我们早有准备。

第 11 章
在稀有金属时代，如何获得成功

20世纪70年代，占领桌面的东西是黄色信笺簿、打字机、两格推拉盒而不是图标。尽管计算机尚未出现在普通的书桌上，资源的变革即将到来。并行接口已被用于点阵打印机上，英特尔开始出售芯片，程序设计员刚刚在阿帕网（Advanced Research Projects Agency Network，简称ARPANET，现在的互联网就是在它的基础上建立起来的）上发送了第一封电子邮件。1995年，施乐公司（Xerox Corporation）研究中心的领导者乔治·帕克（George Pake）预测到，办公桌上键盘与显示器的组合将要敲响纸的丧钟。"我能在屏幕上的文件夹中找到我的文件，通过按键也行。"他说，"我能收取邮件和任何消息。我不知道我还需要多少打印稿。"正如事情后来进展的那样，他还可以期待更多。

尽管所有的高科技产品似乎都在否定对纸张的需要，从帕克的时代到现在，美国的用纸量还是几乎翻了一番。我们现在比以前消费了更多的纸张——全球共 4 亿吨,这个数字还在不断上涨。每个办公室员工平均每天都要消费近 2 磅纸。

纸并不是用量增加的唯一资源。技术进步常常承诺会使用更少的材料,而实际上它们使材料的使用量增加了,于是,我们要依赖于越来越多的自然资源。这个世界现在消费的东西比之前要多得多。我们现在使用的建筑材料如砖石和水泥比一个世纪前多 34 倍,现在消费的矿石和工业材料如金、铜、稀有金属是一个世纪前的 27 倍。同样,我们每个人也使用了更多的资源。现在,我们每人的材料用量是 20 世纪初的 10 倍以上。这些,在很大程度上都要归因于我们高科技的生活方式。

20 世纪 80 年代,美国人会围聚在电视机旁玩儿雅达利游戏(Atari game)。而现在的平板娱乐设备可以连接到硬盘录像机、扬声器和装有摄像头和运动传感器的游戏系统上。先前的磁带和磁带播放器被发配到了古董店,但新产品只能是现有的产品的补充,而不能做到完全取代。微波炉对西方的厨房造成了革命性的影响,但却不能取代火炉、烤箱和烧烤。与之类似,因为平板电脑和智能手机可以相互同步,我们发现了它们之间的互补关系,尽管它们有着类似的功能。早在 2013 年,就有超过三分之一的美国人同时拥有平板电脑、笔记本电脑和个人手机。这种功能上的冗余似乎并未给美国人带来烦恼。根据消费电子协会(Consumer Electronics Association)的研究,一般的美国家庭拥有 28 种不同的电子设备,其中还不包括厨房电器、电动工具和洗衣机。

为了证明这种消费模式的全球性，我们仅需考察一下我们的垃圾。世界电子垃圾每年会增长约 17%，即便在某些国家垃圾收集的总量已开始趋于稳定。这不仅是因为我们拥有了更多的电子设备，还因为我们将它们丢弃得太快。一台智能手机的平均生命周期只有 21 个月。与之类似，笔记本电脑、平板电脑和很多电子设备的使用时间都不足 3 年。这并不是因为它们在被丢弃时已不能使用，更多的情况是它们在设计上已经过时了。

iFixit，一家致力于维修那些不可修复的电子产品的站点，曾指出："通过向我们出售带有'内嵌式死亡时钟'的硬盘，苹果公司赚取了几十亿美元。"所谓"时钟"是一种内嵌电池，iFixit 认为它会在保修期结束时开始失去电力。要换掉这种手机电池，你就必须跑一趟苹果商店，或是将它连同 80 美元一起寄回给苹果公司。很少有人愿意在维修期间放弃使用手机，所以人们更多地是选择升级。美国多家手机公司也通过每 6 个月就推出一款新的"免费"手机来使稀有金属的消费制度化。因此，产品的生命周期是以月计而不是以年计。而这又对人类的资源使用产生了深远的影响。

一项日本的行业研究表明，在 20 世纪 70 年代，商品的平均生命周期是 5 年，其中约有 80% 的生命周期在 3 年以上。千禧年刚过，这一数据就降低了一半。所有商品中有 20% 使用不到一年就会被丢弃，有 50% 在两年内就会被丢弃。

现在，消费者能够轻易地购买多种高科技产品，因为与其他物品相比它们十分便宜，在某些情况下甚至比食物还便宜。从 20 世纪 80 年代初到现在，电视和其他视频设备的售价下降了 90% 以上。但这些趋势都还没有提到未来稀有金属的最大用途——未来的技术。

国家可再生能源实验室（National Renewable Energy Laboratory，位于科罗拉多古尔登市）的高级研究员罗伯特·泰能特（Robert Tenent）使用少许稀有金属将普通玻璃制成了高科技窗户。泰能特的窗户可以让阳光通过，但不会带来热量，或是让热量通过但隔绝阳光。有的窗户还设有开关，能在 5 分钟内变暗。这些窗户一半遮光一半隔热，毫无疑问是先进的科技产品。泰能特的秘密配方是几克的钨和铟。

他的窗户是实验室陈列楼的一部分。这栋建筑的面积达 33,445 平方米，且没有外部供电，所以要使房间保持冬暖夏凉十分关键。泰能特的窗户并不只适用于实验室，它还预示着巨大的环保良机。用这种新产品来替代原来能源效率低下的窗户可以帮助美国省下 4% 的能源消费。但与此同时，这种窗户也面临着稀有金属供应链方面的挑战，因为单单是美国就有 1813 平方公里的传统玻璃窗。这些窗户标示出稀有金属时代下一个阶段的特点：当支撑我们现代生活方式的基础设施也变得越来越高科技——电动公交车穿梭于各处，马路由太阳能板制成，电梯升降使用的是磁体而不是绳索——时，人类对稀有金属的需求就会飙升。材料科技公司美国元素（American Elements）的首席执行官迈克尔·西尔弗告诉我："创意之箭已蓄势待发。在未来的十年里你将见证无数种新材料的问世。"

新创新不仅局限于新产品，还包括找到现有技术的新用途。请想象衬有扁平面板的卧室内壁，它的颜色可以随着你的心情而改变；浴室中的"镜子"可以显示你的生命体征，这些信息是由遍布整个房间的传感器和摄像头收集而来的。通用电气预见了一种厨房，带有炉面的轮毂用声音、动作和面部识别技术帮助你将你的烹饪大作分享到互联网上。

这些产品似乎离我们很远，但新技术的增殖速度非常快。让我们来看看智能手机吧。智能手机问世后仅 4 年，世界上就有 6% 的人口拥有了它，这种手机也因此成了有史以来增长最快的技术。几年后，平板电脑仅用一半的时间就完成了同样的壮举，而现在有近一半的美国人都拥有一台。取得技术突破的速度已成为新的衡量标准，推动了稀有金属用量的增加。美国网络设备公司思科（Cisco）的报告指出，2010 年共有 125 亿台设备接入了互联网。这一数字到 2020 年将达到 500 亿。"互联"推升了稀有金属的需求——不仅是产品本身，支撑它们的技术设施也同样需要大量的稀有金属，特别是在新型环保技术领域。

在发达国家使用越来越多的稀有金属的同时，发展中国家实施技术赶超的速度也空前迅猛。例如，在 1995 年中国只有 7% 的城市家庭拥有电冰箱，在 12 年后，这一比例攀升至 95%。

美国政府的国家情报委员会（National Intelligence Council）预测，全球的中产阶级队伍在未来的20年内将成长为现在的3倍，在原来的基础上要增加约20亿人——相当于2个中国、9个美国。委员会在2012年的一份报告中指出："这种爆炸式的增长意味着原材料和工业制成品会出现抢购。"再加上全球对绿色替代性能源的寻求，稀有金属的需求将会飙升。与此同时，日本金属学会（Japan Institute of Metals）报告说，到2050年，稀有金属如钴、钨、锂的需求量将增长为现在的5倍，超过当前的稀有金属储备。

即将出现的资源问题增加了如下的可能性，即资源丰富国将利用价值不断攀升的资源为自己赢得战略和经济上的优势。随着这些国家不断收紧对金属资源的控制甚至切断稀有金属贸易，资源稀缺的公司和国家就到了决定生死的紧要关头。矿业巨头淡水河谷公司（Vale）的前任董事长、首席执行官罗杰·阿格内利（Roger Agnelli）对此感到恐惧。他在2013年告诉我："现实是，对如此多的居民而言，这个星球太小了，我们在2025年将看到这一点。随着技术变得越来越廉价，资源需求也在不断增加。我们将面临地缘政治的改变。这是真的。"

然而，我要论证的是，回避使用并不能解决我们对稀有金属的忧虑。我们给出的答案应该是去寻找更多的资源来源、更有效率地使用它们，并不断更新我们在地质、冶金、材料科学方面的知识。

第 11 章 在稀有金属时代，如何获得成功

为了应对潜在的资源短缺，我们必须在多重维度上思考稀有金属的供应问题。世界和每个国家都需要足量资源的安全供应——以最少的环境成本并通过可靠的供应链送达。因此，我们需要将稀有金属变成商品——我们要尽力使它们更便宜、更丰富、在生产过程中对环境的影响达到最小。也就是说，国家间的努力非常重要，包括：开发、理解各种材料，并推进材料的研发和流通；对以使用和保护资源为内容的教育进行投资；调整规则以更好地对新兴采矿企业进行治理。

在稀有金属时代，我们的选择有二：一是要更好地预测未来，二是要为所需的各种稀有金属建立起强大的供应链。但从以往的记录来看，专家在预测未来方面很难说是成功的。

- "电视机没有能力在上市 6 个月之后维持住任何市场。人们很快就会对盯着一个合成胶板盒看感到厌倦。"20 世纪制片公司（Twentieth Century Pictures）的创始人达里尔·扎努克（Darryl Zanuck）在 1946 年表示。
- "没人有理由在家里放上一台电脑。"数字设备公司（Digital Equipment Corporation）的创始人肯·奥尔森（Ken Olsen）在 1977 年表示。
- "我预测互联网很快就能成为令人瞩目的新星，而它在 1996 年将会遭到灾难性的失败。"3Com and the Ethernet 的创始人罗伯特·梅特卡夫（Robert Metcalfe）在 1995 年表示。

不知道何种创新会成功,我们就不能估计哪种稀有金属的用量会增加。30年前,镝还很少被使用。而现在,部分由于其在磁体中的使用,它对我们的高科技生活十分重要。镓因其低熔点而被广泛应用于3D打印。钇——一种与镝类似的金属——长期以来都被认为是制造磁制冷材料的关键金属。这种未来的技术能够革命性地改变冰箱市场,使数十亿人受惠。它将成为一种未来的技术。

相较于预测未来,我们更应该做的是为未来做准备。为此,我们需要培养更多像冈部彻那样的人才。冈部是东京大学材料科学的教授,他对钛痴心迷恋,甚至把它作为礼物送人。在中国南部见到他时,他递给我一个密封袋,袋中装有一盘钛线圈。他以此来向我解释形状记忆的概念。(他告诉我,这圈线被展开后会变回原来的形状。)钛不仅是一种科研材料,它还有着其他丰富的用途。如果没有那么贵,它就能改变我们的整个资源需求结构,因为钛比钢更强、更轻(轻45%)且不会被腐蚀。

钛——地壳中含量第四多的金属——的问题是生产成本高昂,因为它需要在高温环境下进行加工,这会对环境造成负担。冈部想要提高钛的加工效率,把钛变成一种高产商品。如果他成功了,钛就能够取代一部分桥梁、建筑物甚至工具中的钢。钛可称得上是一种环保的选择。制造同样的产品,钛比钢的用量更少,这就意味着开采量的减少和二氧化碳排放的降低。

冈部的研究条件比其他地方的研究员要好。他住在日本,他所在的大学可以获得少量的政府支持，生活在其他地方的大多数冶金学家就没有这么幸运了。在美国，自从政府在1995年关闭了矿产局（Bureau of Mines），科罗拉多矿业大学的教授帕特里克·泰勒（Patrick Taylor）几乎没有办法确保得到政府对萃取冶金研究的资金支持。所以他必须加强与海外业内人士的合作。资金非常关键，但由于行业关注的是供应链的底端，公司投资者对实验研究并不感兴趣，而恰恰是实验研究在不断推进着行业的发展，正如泰勒所说，研究能够真正革新这个行业。对泰勒来说，政府支持是一种福利。此外，多项研究表明，在许多国家，政府对物理、化学领域的研究投入是经济增长的最佳预测器，在材料研究中每投入1美元将会获得10美元的回报。

除了经济增长，世界也需要在大学层面设立更多的采矿、冶金、材料科学项目以缓和开采和金属专家的短缺。人们需要这些专家取得世界所需的科学突破。增加政府支持很重要，但这并不是全部。

不幸的是，最好的材料和物理专业人士并没有在做研究。他们跑到硅谷和华尔街发展事业，麻省理工学院的材料科学家爱丽莎·阿隆索告诉我。当我询问她的同事中是否有很多会在十年之后继续留在材料科学领域，她笑道："你不会留下的。"其他工作太有吸引力又太能赚钱了，大家很难拒绝它们。我们需要将威望和浪漫带到艰苦的金属工作中，并成立提出大问题的公司。这些大问题只能由材料科学的进展来回答，例如何制造一辆燃料效率更高的轿车，以及如何将太空旅行商业化。

像埃隆·马斯克（PayPal联合创始人，曾被斯坦福大学材料科学的博士项目录取）这样的梦想家已经开始建立提出这种问题的公司（特斯拉和太空探索技术公司）了。我们需要更多这样的人。很简单，我们需要为材料科学创造"企业家精神"之类的激动人心元素。现在，70%的千禧一代都想在企业之外付出企业家一般的努力来进行工作。他们不仅对找到稀有金属领域的新突破十分关键，还对开发新方式以更有效率地利用我们当前使用的金属，以及发现更丰裕、更环保的材料以减少我们对特定资源的依赖来说非常重要。

科研是揭开材料奥秘的钥匙，但我们还必须改变消费者的习惯和商业模式以确保资源的可持续供应。因此，我们需要从根本上改变我们与电子设备的关系；我们不能像原来那样在电池失效之后就购买一个新手机。电子产品或许能使用更长时间。调整智能手机破碎的屏幕必须变得像在远程控制中调整电池那样简单。高科技修理服务需要像干洗那样普遍。苹果那样的公司必须通过售卖替代性元件、让后盖内部的材料易于获得等方式来延长产品的生命周期。本质上说，苹果需要打开其产品的生态系统来帮助拯救我们星球的生态系统。

售出更少且生命周期更长的产品听起来像是对市场经济的诅咒，但这并不是一种厄运。卡特彼勒在1972年就设立了再制造项目，对设备进行回收成为业务的核心部分。实际上，再制造帮助该公司在发展中国家打开了市场并获取了新利润，因为再制造产品的生产成本更低，其价格仅为新拖拉机的 60%。公司也可以像轿车代理商那样出租产品，在产品用完之后收回。他们需要在产品报废后付出与产品开发时同等的努力。

政府要让公司对其产品的影响负责。一家回收了几百万部手机的公司所创造的收益要比一一询问几百万人是否要回收手机的公司所产生的收益要高，操作起来也更容易。这样做不仅效率更高，还能促成原料循环和规模经济，有助于创造一个能带来收益的供应链。

监管方可以要求企业将报废品处理纳入产品生产的范围，就像戴尔所做的那样。命令公司回收自己的产品能够激励公司更有效率地利用材料——特别是稀有金属，还能促使公司设计更易于回收和再利用的产品、开发对环境危害小且易于回收的合金材料。有效率的循环回收可以延长稀有金属的生命周期，降低开采需求。但美国电子行业只有一个地区建立了有效的回收系统。现在，在缅因州的南波特兰等地，公司已经开始"开采"垃圾填埋场中有价值的金属，这些垃圾是在 20 世纪 70 年代被我们的上一代人丢弃的。我们不能重蹈覆辙继续丢弃含有稀有金属的电子产品。

提升稀有金属使用效率的一个方法就是贴标签。人们可以参考标签做出资源消费决策，他们需要知道自己究竟消费了什么。贴标签同样会激励公司知晓其产品中使用了何种材料，如果信息被制成条形码显示在产品的外侧，回收就会便利起来。

麦克阿瑟基金（Ellen MacArthur Foundation）的一项报告显示，基于再制造、再利用和回收的循环经济到 2025 年可以节省 1 万亿美元的材料成本，仅在欧洲就能创造 100 万个工作岗位。此外，它还可以刺激回收技术的更新换代，这正是这个世界迫切需要的。

还有一种更好的方式能够改善资源的使用情况，它毫无疑问是一种低端技术：节约。能源节约手段如提高电网、电子设备和建筑物的使用效率可以降低建设或扩建基础设施的需求，这些基础设施的建设都有赖于稀有金属。例如，比起安装太阳能板来生产能源，使用新的绝缘材料来降低能源需求要好得多。这无疑是减少稀有金属消费的一个好方法。

要保障资源安全，政府投资不是唯一的办法，恰当的立法和监管也会产生巨大的影响。除了扩大生产者的责任范围、为技术创新提供更多的资金、开发新的能源节约手段，政府还应进行长期规划以增加稀有金属供应。对拥有资源的国家来说，最好应着手厘清时间框架、检查新的开采运营程序，并确定能够进行无限制勘探的具体地点。开矿常常需要十年以上的时间，所以政府应检视矿产的开采方式，加快环境友好的开发进程。富裕的国家不应出口污染。

政府的另一个作用是帮助收集和公开市场数据，解决我们在第 5 章所提到的问题。美国地质调查局（U.S. Geological Survey）

应充当该角色,尽管经费的逐年缩减已在多个层面影响到了数据的一致性。这类研究能够帮助利益相关者确认供应缺口并预测未来的趋势。各国政府还应与研究机构和技术产业建立更为紧密的合作关系,以便更好地理解稀有金属的未来需求。

政府也可以通过税收来激励生产,提供保险补贴来降低开采投资的风险,并通过债权或股权为企业提供资金。更少地使用传统的激励方式如购买协议,可以保证稀有金属在价格波动期的生产和投资。对于加拿大阿瓦隆稀有金属公司这样的创业企业,广泛的政策支持可以确保它们获得长期的资金投入。不过,亚洲以外的大多数政府都无意"挑选"这样的赢家。

有些研究认为,囤积是在短缺时代保证稀有金属供应的关键政策工具。然而,囤积不太可能成功,因为制造业需要许多不同品位等级的材料,要囤积足够的特定品位的材料几乎不可能。此外,如果一个囤积金属的国家缺乏加工设施,囤积稀有金属就像是囤积金枪鱼罐头却没有开罐器:用意是好的,但毫无用处。囤积的成本可能非常高昂,因为政府常常在高价时买入,而这种行为又会进一步推高价格。

尽管在政治上不那么有吸引力,对政府来说更有用的可能是确立法规或为企业提供激励,让它们囤积自己所需的稀有金属和稀有金属元件。企业知道自己的需求,因此相对于政府来说更有优势选择囤积何种材料。但正如我们在第 6 章所看到的那样,企业对将现金与可能贬值的资源捆绑在一起非常谨慎。

确立正确的政策十分关键，避免草率的决策也同样重要。在中国2010年限制稀土出口后，东京迅速做出战略决策，减少本国对中国稀土的依赖，鼓励企业不再使用中国的稀土。日本预知了2011年稀土价格的飙升，但却没有想到价格会迅速回落，于是此前的计划完全破产。

在最初风风火火地囤积之后，日本公司对这些稀土元素的使用量开始骤减。在随后的两年里，稀土的价格一直在下降，而日本需求的急剧减少又使价格跌落到更低的水平。更低的价格使西方稀土公司在生死线上挣扎，所以从长期看，日本对中国的依赖更强了。

东京方面的草率决定促使各家公司转而使用稀土以外的材料，这一政策还有另一个不易察觉的影响。紧随政府政策的公司减少了自己产品中的稀土，这常常意味着从空调到电梯等一系列产品中使用了不节能的马达。尽管更换了效率更低的磁体或系统对每件产品来说只损失了一小部分功效，但如果世界都在购买每台效率仅低了百分之几的空调，整体的影响就大了。

政府要让企业自己解决市场的短期异常。真相是，除非政府想在财政上保证原材料国际供应链的建设，并不断对其进行评估，保障材料的稳定供应就是不可能的。眼下政府唯一应该涉足的，就是提供避免经济崩溃的短期解决方案，或是确保国防供应链的持续稳定。

正如我们所看到的那样，各国只能在提高自身的资源安全上多做文章，因为供应链是全球性的。稀有金属的供应链有其独特性，但用以保证其生命力的诸多策略与保证其他自然资源供应链的策略十分类似。例如，资源依赖型国家需要加强与邻国，特别是与资源丰富国家的政治联系，就像美国在20世纪前半叶对拉丁美洲所做的那样。通过设定贸易目标、签订合同贸易协议来增加资源的贸易和投资会使美国受益，而因此增加的生产也会使整个世界受益。然而，正如一国不可能确保自己的资源安全，世界同样也做不到这一点。这是一个协同合作的问题。

为了避免未来的冲突，在全球论坛上探讨稀有金属的供应问题或许有用。但这个论坛尚不存在，是时候建立一个了。在20世纪70年代初石油短缺之后，16个国家成立了国际能源署（International Energy Agency，IEA）来保证石油的不间断流通。该组织的使命是"推进所有能源部门的多样性、高效性和灵活性"。现在我们需要一个国际材料署——矿产资源（包括稀有金属）的IEA。

拥有一个组织来收集统计数据、撰写行业报告，并为各国提供一个讨论自然资源问题的论坛很重要。一个拥有自己员工的国际材料署可以为资源管理提供诸多最佳实践战略。对话和推进市场透明的努力是防止未来冲突的希望。此外，对于消除分歧，特别是稀土材料方面的分歧，材料署是比世界贸易组织（WTO）更有效的组织。

相较于 2010 年中国限制对日出口之前，现在的稀土磁体制造商在其产品中使用的稀土（包括镝）减少了。部分原因在于各家企业的用镝效率提高了。还有公司发现，加入铽能够减少对镝的需求。

当我就该问题询问佐川时，他警告我："铽的稀缺性比镝更严重。"铽的丰富程度只有镝的四分之一，所以使用铽只是一个暂时性的方案。不过铽的加入令我想起 30 年前的一个决定——佐川决定将镝加入磁体。企业或许能在 5 年的时间里将磁体中的铽、镝含量减少 20%～30%，但与此同时，磁体的产量可能会增加 50%以上。这就意味着尽管每件磁体中稀土元素的用量减少了，我们对稀土的整体需求还是会增加。

这一个命运攸关的时刻，技术变革的速度很快就会超过稀有金属的供应能力。为了满足我们对稀有金属不断增长的需求，我们需要对使用和出售产品的方式进行深层的变革。我所恐惧的是，人们缺乏对这个稀有金属时代的关注和理解，也没有意识到这些关键金属会限制经济的繁荣并破坏环境。我希望本书在某种程度上可以激发新一代更多地了解电子产品和武器的成分，建设人类可持续的未来。

出版后记

很少有人察觉,我们当下乃至未来的生活会越来越依赖稀有金属。就拿我们片刻不离手的智能手机来说,仅电池每年所需的微量稀土材料就超过了 500 吨,仅钴这一种稀有金属每年就需要消耗约 7500 吨。为减少化石燃料用量、遏制全球变暖而大力推广的风力涡轮机和电动汽车,在未来 25 年会使钕的需求量增加 700%,镝的需求量增加 2600%。

高新技术的时代就是稀有金属的时代。这绝不是夸大其词,因为炫目的技术设想脱离了稀有金属根本不能实现。然而,受自然条件及化学规律所限,其产量逐渐不能满足人类的肆意求取。美国化学学会预测,下个世纪有 44 种元素将面临供给危机。有鉴于此,要掌控新兴产业的命脉、创造人类可持续的未来,首先就要洞察稀有金属行业的运行逻辑。

《决战元素周期表》是白宫智囊大卫·S.亚伯拉罕对遍布全球的稀有金属供应网络的全景式扫描。他亲自探访数十个国家,将数百份行业分析报告和对数百位业内人士的访谈结合起来,客观细致地透析了世界稀有金属行业的现状和发展趋势。在贸易关系复杂多变，地缘政治博弈暗潮涌动的今天，相信读者能从本书中收获可资借鉴的基本常识。

服务热线：133-6631-2326　188-1142-1266

读者信箱：reader@hinabook.com

后浪出版公司

2018 年 7 月

图书在版编目（CIP）数据

决战元素周期表 /（美）大卫·S. 亚伯拉罕著；柳林译. -- 成都：四川人民出版社，2018.9
ISBN 978-7-220-10818-1

Ⅰ.①决… Ⅱ.①大… ②柳… Ⅲ.①稀有金属—产业链—世界—通俗读物 Ⅳ.① F416.3-49

中国版本图书馆 CIP 数据核字 (2018) 第 163950 号

四川省版权局
著作权合同登记号
图字：21-2018-434

THE ELEMENTS OF POWER
Copyright © 2015 by David S. Abraham
Originally published by Yale University Press
本书中文简体版权归属于银杏树下（北京）图书有限责任公司

JUEZHAN YUANSU ZHOUQIBIAO
决战元素周期表

著　　者	[美]大卫·S. 亚伯拉罕著
译　　者	柳　林
选题策划	后浪出版公司
出版统筹	吴兴元
特约编辑	李　峥
责任编辑	刘　静
装帧制造	墨白空间·张静涵
营销推广	ONEBOOK
出版发行	四川人民出版社（成都槐树街2号）
网　　址	http://www.scpph.com
E - mail	scrmcbs@sina.com
印　　刷	北京天宇万达印刷有限公司
成品尺寸	143mm×210mm
印　　张	7.5
字　　数	150 千
版　　次	2018 年 10 月第 1 版
印　　次	2018 年 10 月第 1 次
书　　号	978-7-220-10818-1
定　　价	39.80 元

后浪出版咨询(北京)有限责任公司常年法律顾问：北京大成律师事务所　周天晖　copyright@hinabook.com
未经许可，不得以任何方式复制或抄袭本书部分或全部内容
版权所有，侵权必究

本书若有质量问题，请与本公司图书销售中心联系调换。电话：010-64010019